《新周刊》主编

2008语录

文匯出版社

前 言

不知不觉，这已是《新周刊》的第六本年度语录了。

你当然可以把这本书当成《新周刊》的例牌之作，一本带有《新周刊》视角的取巧之作，但若你因此而轻视了这本书的容量，你就错了。

以往每年年末做年度大盘点时，我们常说：“今年是个小年。”直到 2008 年——好像所有的大事件都在一年里蜂拥着发生了，其间热点之层出不穷、大事件之波澜壮阔和情绪体验之跌宕起伏，似乎超过了前五年的总和。

2008 年是个大年。大喜伴随大悲，大痛中有大爱。

以前我们常抱怨时代的庸碌与社会的世俗，那是小时代人惯有的牢骚。而当你直面 2008 年，你却别有一番酸楚滋味在心头。

《2008 语录》是献给大时代的一本小书。

若选这一年度最难忘的声音，它应该来自震中的温家宝总理：

“这是一场灾难，你们幸存下来了，就要好好活下去。”

朱坤（新周刊杂志编务总监）

目 录

2008年5月14日，汶川县映秀镇，没有赶上直升机的一家三口伤心哭泣。（图/周超）

时事·政治

（国内）

你们失去了亲人，承受常人难以想象的巨大痛苦，我们每个人都会分担你们的痛苦，但除了帮助之外，我们代替不了你们。经过这场灾难，你们幼小的心灵会更坚强，更加懂得生活，更加懂得如何面对困难。

这是一场灾难，你们幸存下来了，就要好好活下去。好吗？

——温家宝

任何困难都难不倒英雄的中国人民！

——2008年5月18日，在四川什邡市灾情最严重的蓥华镇救援现场，中共中央总书记胡锦涛振臂高呼。“中国，加油”、“中国，挺住！汶川，挺住！”等话语在震灾时最为鼓舞人心。

多难兴邦。

——2008年5月23日，温家宝总理在绵阳长虹设立的北川中学安置点看望师生们，并在黑板上题写了这四个字。

我是总指挥，怎么能不到一线？如果道路实在进不去，可以空投，你们也可以把我空投过去嘛。

——新华社记者姚大伟在《温总理灾区照片背后的故事》一文中引述温家宝总理的话。2008年5月12日，汶川大地震发生当天，温家宝总理即抵达灾区，并打算立即进入震中汶川。

我不管你们怎么样，我只要（彭州）这10万群众脱险，这是命令。
我就一句话，是人民在养你们，你们自己看着办。

——温家宝总理最令人感动的两句话，他向部队指战员指示“千方百计进去，时间越早越好，早一秒钟就可能救活一个人”；他鼓励都江堰新建小学正在被解救的孩子“孩子们一定要挺住，一定会得救”。新加坡《联合早报》撰文称，“中国式总理，无法复制，想学也学不来”。

不管将军还是士兵，谁先到就给谁记功！

——成都军区司令员李世明2008年5月13日对正向汶川进发的部队下达命令。

求求你们让我再去救一个！我还能再救一个！

—— 四川绵竹市，正在一所学校救治孩子的消防战士被命令撤离，一名刚从废墟中带出一个孩子的战士跪地恳求。后来得知这名消防战士叫荆利杰，19 岁。

吉祥鸟来了，我们有救了。

——2008 年 5 月 14 日，第一架来自成都军区某陆航团的直升机，穿破阻隔了40 多个小时的世界，飞抵汶川。当地人哭着围了上来。

到达汶川比上珠峰还难。

—— 参与珠峰奥运圣火传递报道后从拉萨直接赶往四川地震重灾区的央视记者张泉灵如此形容。

伞兵们听好了，你们一定要给我安全回来，全国人民命令你们安全回来！

—— 网民的留言。

你在我们最最需要的时刻来关心我们，谢谢。

—— 四川青川县木鱼镇一名遇难学生的家长给前来看望受灾民众的温家宝总理递上了感谢纸条。

我是近视眼，眼镜不见了，只看到周围笼罩在巨大的烟雾中。我抹了一下眼睛，整个县城已经不见了，没有一栋完整的房子。

—— 四川北川县曲山小学老师朱贵平说。

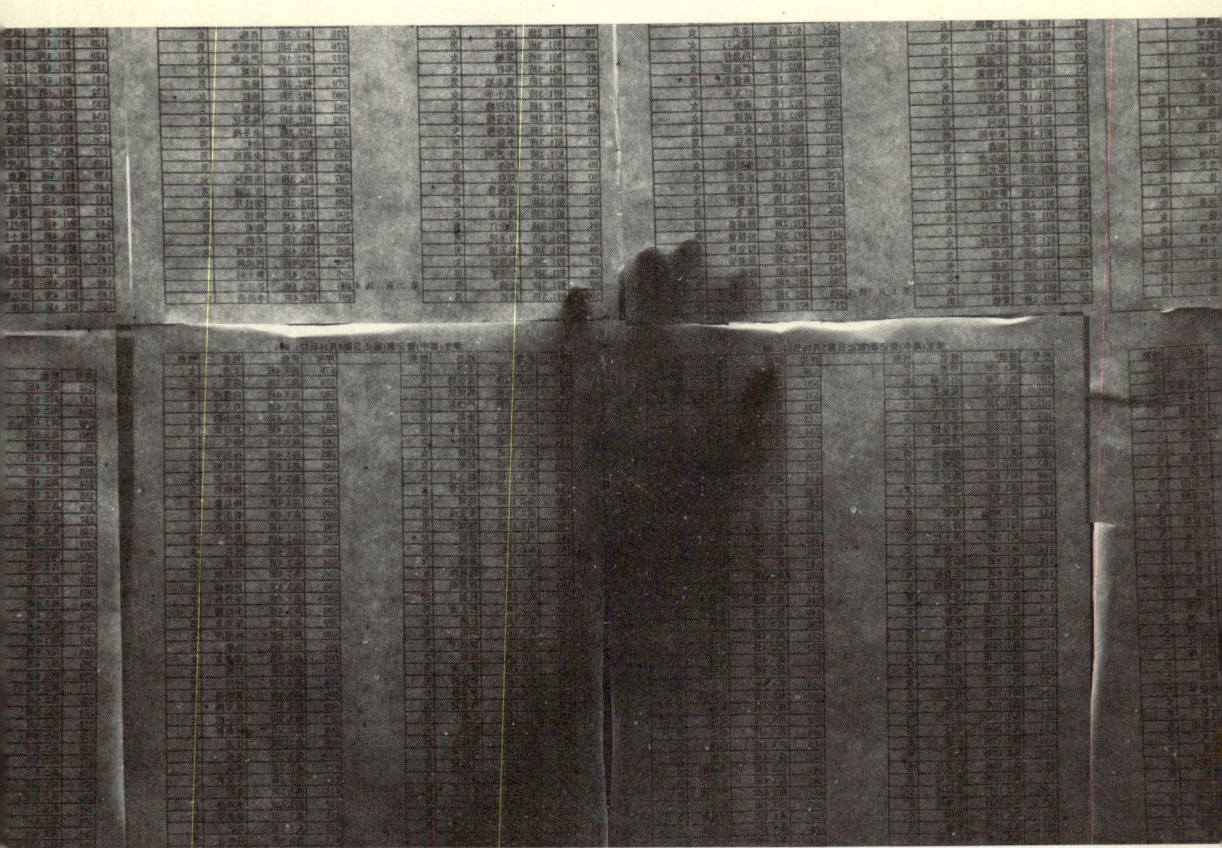

2008年5月17日，北川中学贴出幸存学生名单，有人正在名单上查找亲人。（图/Bobby Yip）

娃……娃娃……妈妈……来不及……啊……

—— 当自己遇难的孩子被挖出，汶川县映秀镇幼儿园老师聂晓燕的眼泪如山洪暴发。地震发生时，聂晓燕一手一个抱出了两个别人的孩子，而她自己的孩子还在屋里。

我一路跑，一路流泪，我似乎一直听到有人在骂我：袁仕聪，你还是人吗？

—— 为执行救灾任务，青川县武装部部长袁仕聪上校三次路过母亲和侄女被埋的废墟没有停步抢救。

那时我很害怕，很害怕，我说是世界末日来了，我想活不过今天了。

—— 北川邓家小学教师肖晓川和同事带着 71 名学生翻过三座大山和原始森林逃生，这是地震时他的第一反应。

要是世界上都是这样的人，世界就只有和平了。

—— 绵竹 21 岁幼儿园女教师舍身保护幼儿的事迹，在日本引起了强烈反响，一位日本读者这样感叹。

下面一片漆黑，我怕。我又冷又饿，只能靠看书缓解心中的害怕！

—— 四川什邡市蓥华镇中学初一学生邓清清说。

我们出去了一定要好好学习。

—— 四川北川一中校舍坍塌，被压在废墟下等待援救的孩子一起喊话、唱歌，互相给予支持。

男生要坚强，女生不要哭，要保持清醒，保持体力。

—— 北川一中高一学生朱付敏在关键时刻大喊并最终协助救援人员把教室的墙壁弄出一人宽的缝隙，全班 33 个同学得以逃生。

我唱歌就不会觉得痛。

——北川县一幼儿园，小女孩任思雨在废墟下等待救援时唱起了儿歌“两只老虎”。

叔叔，帮我拿支可乐，要冰冻的。

——四川绵竹汉旺东汽中学一男孩在获救后向救援人员请求道。《东方早报》评论说，这个男孩让人看到了新一代年轻人的镇定和勇气，展示着未来的希望。

叔叔，别锯我的腿，我宁愿自杀！

——12 岁的北川县曲山小学学生李月被压在废墟中不得动弹，她用哀求的语气对救援队员说。李月最终失去了一条腿，但她在残奥会开幕式上演出的《永不跳停的舞步》让全世界感动。

感觉不错，舒服惨了！

——在汶川映秀湾水电总厂废墟中被埋 178 小时的 31 岁男子马元江获救后说的第一句话。

其实这次地震，和我有关……我以前常盼望学校被炸掉，这样就不用去上学了……

——北川县曲山小学的 12 岁女生杨文在医院悄悄告诉志愿者自己的秘密后泣不成声。

这一刻，我们都是汶川人！

——汶川灾情牵动全中国人的心，网上打出这样的留言。

受伤的不是某一部分人群，受伤的是整个社会。从心理上说，几乎每个人都是灾民。

——网民笑蜀说。他提出，应该尊重个体生命感受，允许人们彷徨、恐惧、悲伤。

愿一切众生皆得解脱。

——传媒人梁文道说。

心要热，头须冷。一切大话空言，华而不实的积习，对上负责的表面文章，为电视镜头准备的表演，此时，请统统走开！

——《唐山大地震》一书作者钱刚说。

不到 30 秒，教学楼就倒下了。

—— 都江堰市聚源中学教导主任秦伯宇说。截至 2008 年 5 月 14 日，校舍倒塌 6898 间（尚未包括汶川、北川等重灾县)，正在上课的孩子集体被掩埋，令人痛心之余，也引发了对于校舍建设的质疑。

即使是农村的希望小学，建筑结构也一定要用大厂的钢材。设计要求柱子有 10 根钢筋，一根也不许少。尽管那个柱子里的钢筋谁也看不见。

——北川刘汉希望小学在汶川大地震中屹立不倒，被誉为“最牛希望小学”。其捐赠者刘汉如此说。

所谓奇迹，就是你在盖房子的时候，能想到十年后的事情。

——网络上流行的一句话。

如果按照建筑规划严格施工的建筑，在地震中并不会倒塌。凡是瞬间垮塌的房屋，肯定不符合建筑规划要求。要么设计不符合，要么施工不符合。

——清华大学城市规划设计研究院常务副院长梁伟说。

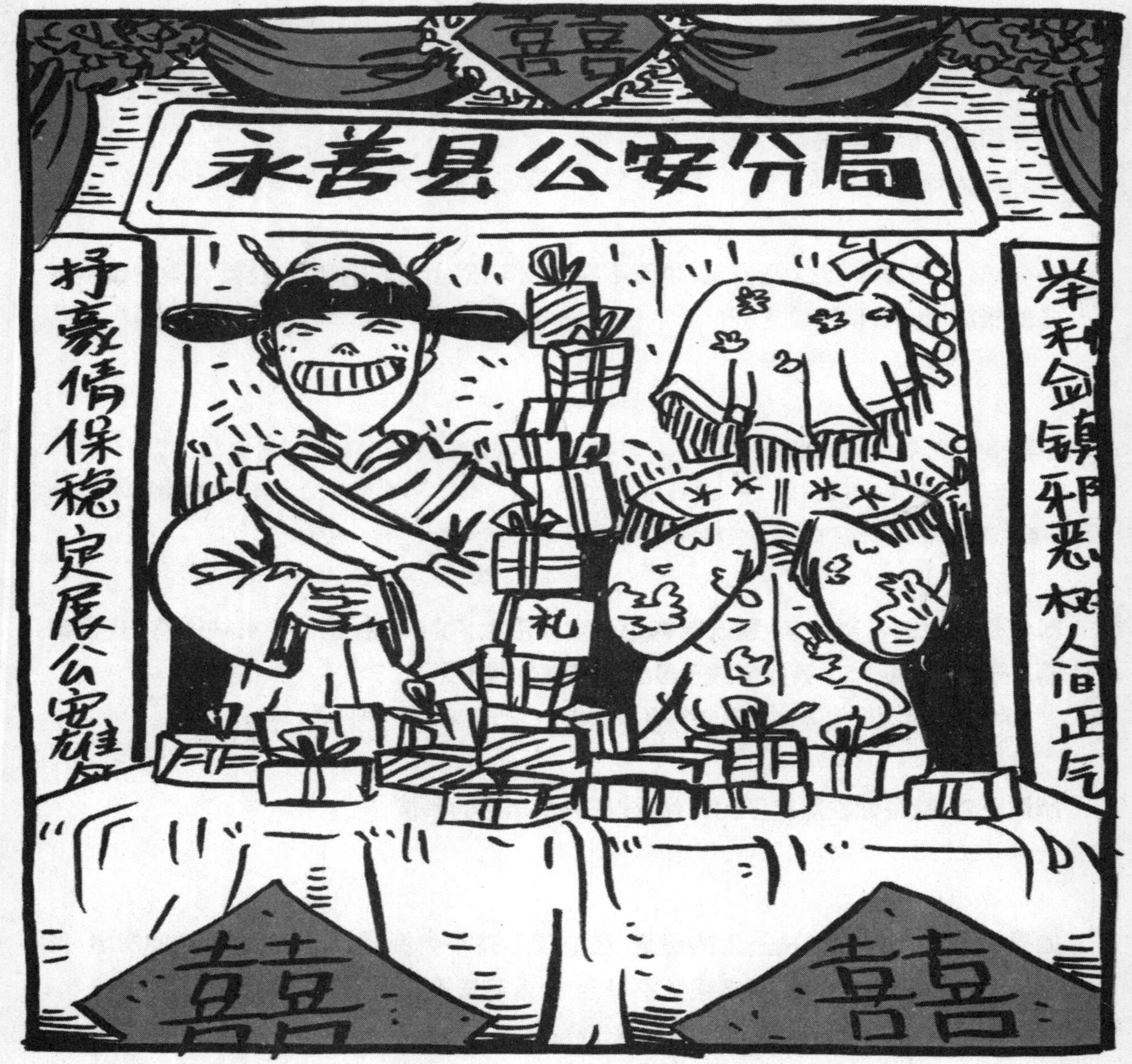

这个政委人缘关系不一般，应该是个好官。——国家级贫困县、云南省昭通市永善县公安分局政委阚隆宽嫁女，在公安局和法院大院内设席500桌，舆论哗然，有网民如此反话正说。（插图/谭正文）

时间会治疗一切的创伤。

生活还要继续。

——中国社会科学院心理研究所所长张侃称，在进行灾后心理救助时，像以上这些话不应该对灾民说。

我想告诉大家的是，请千万不要害怕，更不要慌张。不管你在哪个区域，千万别把自己暴露在不安全的地方。

——2008年5月12日下午2时55分，成都人民广播电台女主播孙静在震后向成都市民播报的第一句话。成都市政府震后第一号公告也是通过孙静播报的。

因为我们爱这块土地，这块土地上的人们懂得相互关怀……

——央视新闻频道主播赵普在直播“抗震救灾”节目时动情落泪。

把我身上的石头搬开！

——一位幸存者在睡梦中反复大叫这一句话。对灾区的幸存者来说，地震的阴影可能一生都无法消除。

我们还活着，我们还活着！

——北川中学高二(9)班学生程霄阳的博客中写道，每晚睡觉时心里面只有这么一句话，不是兴奋，是一种深切的悲哀。

中国地震激发全球大团结。

——大地震发生后，多个国家表示愿意支援中国抗震救灾，这是法新社的一句评论。

一个总理在两小时内就飞赴灾区的国家，一个能够出动10万救援人员的国家，一个企业和私人捐款达到数十亿的国家，一个因争相献血、自愿抢救伤员而造成交通堵塞的国家，永远不会被打垮。

——俄新社发表文章称“希望必将与中国同在”。

这种井喷式的支持是一个启示。在这次人道主义危机中，一种新的自我意识觉醒了，人们认识到了中国人的同情心和慷慨精神。这是一种集体顿悟，整个民族突然间意识到，在20年的经济繁荣中，他们改变了多少，以及一些改变是如何朝好的方向发展的。

——美国《时代》周刊一篇题为“被唤醒的中国”的文章说。

尽管世界很多地区有大量这样的灾难场景，但对于一个有着隐瞒自然灾害历史的国家而言，电视上不断播放救灾工作是了不起的。

——美国《国际先驱论坛报》驻北京记者安德鲁·雅各布斯在《中国对地震的回应异常公开》一文中说。

地震预报的难啊，难在即使搞地震预报的人他都不知道究竟难在什么地方，不搞地震预报的就更不知道了。

——中国工程院院士许绍燮说。

由于汶川地震使地壳聚集起来的能量得到释放，因此未来两百年内成都不会再发生八级以上的大地震，成都至少可以安全两百年以上。

——中科院院士刘宝珺说。

做这件事没有业主而只有业主代表，业主代表是温家宝总理。

——国务院决定 3 个半月内在地震灾区建 100 万套过渡房，参与这一项目的同济大学规划师林舒说。

400 亿元绝不会成为中国政府头顶上的“堰塞湖”。

——民政部救灾司司长王振耀在记者会上表示，将会用好捐款。

很多志愿者到灾区，像大学毕业生找工作一样，想找个活儿，很难。

——一位灾区志愿者说。

地震又不是哪个人决策失误。

——绵阳市委书记谭力说，对于灾区重建，最担心的就是老百姓产生依赖思想，觉得是国家的事。“躺在受灾的温床上比地震更可怕”。

一场地震，使汶川变成一张白纸。

——汶川县县长廖敏说，汶川全县农村住房 100% 不能再住人，80% 的土地遭到破坏，整体经济损失近 100 亿元。

我十年内不会再来，美景在我心中难以恢复，那些伤痕，不是龙门山麓的眼泪，不是四川的眼泪，不是中国的眼泪，那是地球的眼泪！

——一个汶川大地震后从龙门山国家地质公园逃生的游客说。

2008年2月1日，广州火车站，武警官兵帮助疏散因雪灾滞留的旅客。广州地区滞留旅客数量一度近80万人。（图/刘英/CFP）

狗日的地震好凶噢！老子被挖出来看到外国人还以为把老子震到国外了。

—— 据说是俄罗斯救援队救出的唯一幸存者所说，就连央视主播白岩松也在节目中引用，称体现了川人的幽默感。但据查，俄罗斯救援队救出的是一名老妇。

当我们看到这幕抗震救灾的大戏时……

—— 央视主播白岩松在直播抗震救灾节目时的这句口误，遭到网民痛扁。

那些奥运反对者们，你们看着办。

—— 地震改变了北京奥运的主题，也让那些反对者却步，有人这样评说。

你可以收买质量检查员，但你不能用金钱去收买地震。

—— 英国地震学家穆森说。

我希望地震的时候，我在天上，我要当航天员。

—— 在都江堰市幸福家园安置点，来自赈灾学校的小学生罗明良把这句话写在心愿卡片上。

你等的存在，才是对中国的实实在在的报应。

—— 余秋雨发表博文《含泪劝告请愿灾民》，引起争议。艺术家艾未未在博客中这样批评余秋雨。

我确实不崇高，但并不无耻。

—— 范美忠这样回应教育部发言人王旭明对"范跑跑事件"作出的"我们可以不崇高，但是不能允许无耻"的评论。

对那些聚光灯下的慈善捐款，我觉得每次捐1块钱就够了。

—— 阿里巴巴集团主席兼首席执行官马云说。万科企业董事会主席王石则认为万科捐200万是合适的。他们希望慈善成为常态而不要成为负担或者作秀的出发点可以理解，但过于冷静的态度却显得不合时宜，令人齿冷。

最近三年来，我基本上和马云一样，每次别人让我捐款时，我总是很有礼貌地说："没有带钱包！"因为，根据我们的经验这些捐款根本不知道用到什么地方去了。

——SOHO中国董事长潘石屹为王石关于地震捐款的言论解释，认为是在不了解灾情程度的情况下的应激反应。

地震发生了，房子倒了，开发商们都哪儿去了？

——汶川大地震后，很多富豪踊跃捐款，但地产商却表现平平，有网民发出这样的质疑。

在这次抗震救灾的行动中，99%的员工体现了爱心，符合公司的文化，但还有1%的冷血混在我公司，对他们我们不去谴责，但希望他们离职，我们公司不需要这样的员工。

——神舟电脑董事长吴海军在获知有些员工没有捐款后，亲笔写下批语。

在这个节骨眼儿上，我们为这点鸡毛蒜皮的小事闹上法庭给国家添麻烦，实在不应该。

——2008年5月19日全国哀悼日首日，北京东城区法院在审理一案件时，双方当事人向地震死难者默哀三分钟后，原本争得面红耳赤的原被告表示愿意和解。

猪坚强。

—— 成都彭州市一村民家的大肥猪，震后被埋废墟下36天奇迹般活着，被如此命名。网民呼吁让这头猪自然终老，理由是"这是只感动人类的猪"。

媳妇跟我说，你把房子留给孙子、孙女，他们会感谢你；但你把房子捐给灾区的孩子们，你就是千千万万个孩子的奶奶。

——上海第四聋哑学校 61 岁的退休老师沈翠英决定拍卖自己一套价值 450 万元的住宅以支持灾后学校重建。这套房子月租金 8000 多元，而她每个月的退休金只有 1000 多元。

兢兢业业、干干净净为国家和人民工作。

——2008 年 3 月 18 日，胡锦涛主席在第十一届全国人民代表大会第一次会议闭幕式上的讲话。

不动摇、不懈怠、不折腾。

——在纪念党的十一届三中全会召开 30 周年大会上，中共中央总书记胡锦涛发表重要讲话。很多人和央视主播白岩松一样，对以上这九个字印象最深刻。

5 年前，我曾面对大家立过誓言：“苟利国家生死以，岂因祸福避趋之。”今天我还想加上一句话，就是“天变不足畏，祖宗不足法，人言不足恤”。

——温家宝总理在谈到“经济体制改革和政治体制改革要有新的突破”时，引用了王安石名句，让人印象深刻。

在经济困难面前，信心比黄金和货币更重要。

——2008 年 9 月 24 日，温家宝总理在纽约华尔道夫饭店会见美国经济金融界知名人士时说。

第一机是百姓生活，第二机还是百姓生活，万机加在一块儿，全都是百姓生活，干部日理万机就要从早到晚想着百姓生活。

——温家宝总理如此诠释“日理万机”的涵义。

2008年10月14日，石家庄，已倒出“三鹿问题奶粉”的空铁盒子。一场由三聚氰胺引发的食品危机席卷全国。（图/IC）

如果我不从事政治的话，我也可能成为一位很好的科学家。

——温家宝总理接受美国《科学》杂志主编艾伯茨专访时说。

通过树立、落实和坚持正确的用人导向，褒奖那些贡献突出的干部，支持那些一身正气的干部，鼓励那些老实干事的干部，鞭策那些相形见绌的干部，教育那些跟风行事的干部，约束那些投机钻营的干部，惩处那些贪污腐败的干部，进一步提高选人用人水平。

——2008 年 2 月 17 日，国家副主席习近平在全国组织工作会议开幕时发表讲话。

顺其自然，水到渠成。

——外交部部长杨洁篪在被俄罗斯媒体问及中国是否计划加入“八国集团”时如此回答。

知识产权这个名词，中国人是近十年才知道的，否则我们早就把丝绸、瓷器注册了。

——国务院副总理王岐山 2008 年 6 月出访美国，在纽约他这样谈到知识产权的话题。

中国人民享有广泛的言论自由，一个人不会也不可能因为说了人权或者其他事情比奥运会更重要而被投入监狱。你到街上拉 10 个人，叫他们当着公安人员的面说人权比奥运会重要 10 倍甚至 100 倍，让我来看看哪个公安会把他关起来。

——外交部部长杨洁篪和英国外长米利班德会谈后会见记者时说。

我没法活了！

—— 因为新医改方案，卫生部部长陈竺在“两会”上成为记者围堵的对象，招架不住之下冒出此语。有人调侃，部长您可不能死，要不我们老百姓生病怎么办呢。

凭他的地位，弄个圣斗士都不难，更不用说博士了。

——发改委新任主任张平的中专学历引来众多喝彩，有网民这样说道。

我们永远不能跟父母斗，这块土地是养育你的，父母的原则定了，但是你可以提建议。至于提完建议后怎么样，这由父母决定。

——因在“两会”上提出“取消无固定期限劳动合同”、“降低富人税负”等三份提案，全国政协委员张茵成为舆论风暴中心，她这样表明自己的态度。

我支持张茵，一个人如果连自己都不代表，还空谈什么代表大众？！

——全国政协委员张茵提出的三个提案被指仅代表自身阶层利益，也有网民对她表示支持。

发展国际旅游，掏外国人的腰包增加本国外汇收入是应该的。但国内旅游是省域之间互掏腰包，当然也是掏富人的腰包为穷人增加就业机会，但不会增加社会财富总量，反而污染环境，消耗能源，损坏文物。所以要控制国内游的规模。

——全国政协委员、西北大学经济管理学院副院长韦苇在“两会”上提出的新观点。

建议给全国人民每人发放1000元。

——在2008年1月召开的上海“两会”上，上海市政协委员、上海汽车集团副总经济师邢普提交《建议研究全国人民每人发放1000元以分享财政收入高增长的提案》。有网民评论说这是一份以荒诞书写沉重的提案。

“钉子户”也导致了房价上涨，把开发商都当成高房价的罪魁祸首和过街老鼠不公平。

——全国政协委员、北京某房地产公司老总穆麒茹在“两会”上说。

本来发改委就是机构改革的龙头，需要改革的就是它，它去牵头搞机构改革，这个怎么可能呢？

—— 原国家审计署审计长李金华称，最该改的就是发改委。全国政协委员、全国工商联常委孙珩超则直言“把发改委撤了，经济就发展了”！

现在拿个凳子给你坐，已经不错了，已经是政治局委员的待遇了。

—— 广东省人大常委会副主任陈用志结合自己当年到部委办事的亲身经历，痛陈机构改革的必要性。

为什么要实行大部委制呢？举个例子，拿农业部、林业部、水利部来说，果实长在草上归农业部管，长在树上是林业部管，长在水里是水利部管，一个家庭如果又种草莓又种苹果，就要和农业及林业两个部门的执法人员打交道。

—— 专家形象地比喻国内政府机构部门林立、职能交叉的现象。

我们不仅要进口中国的商品，而且要进口像吴仪这样的部长。

—— 一位加拿大企业家对吴仪的评价。吴仪宣布退休，不少网民挽留她，希望她“再辛苦几年，为人民多干点事”。

在 10 天左右的时间里，将广州地区节前持票滞留的 350 万旅客全部疏运完，这是其他交通方式或者其他任何国家做不到的。

—— 对于铁道部在雪灾中的表现，铁道部副部长陆东福表示“至少打 90 分”。

春运期间铁路一票难求的现象始终得不到缓解，根本原因在于铁路票价太低。

—— 北京铁路局常务副局长罗金保说。

没有时间表，但是有了路线图。

——教育部副部长赵沁平明确表示，高考改革的目标明确为“实现分层次、多元录取的招收方式”。

不要搞歧视待遇，应该提供国民待遇。

——银监会副主席王兆星在谈到有钱人、外国人在部分银行不用排队时表示。

我们将来能牛的，就是可以跟新加坡、韩国叫板，你能做到这一点，就算行，在国内叫板是没有出息的行为。

——广东省委书记汪洋在广东省委十届二次全会上表示，深圳、广州要成为中国可以与世界竞争的城市，跟国内比还洋洋得意是不行的。

要让领导同志讲真话不讲套话，讲实话不讲空话，讲有感而发的话不讲照本宣科的话，就必须允许他讲不准确的话，或者是允许他讲错话！

——广东省委书记汪洋在广东省政协十届一次会议上说。有网民称汪洋为“汪帅”。

“言塞湖”。

——广东省委书记汪洋指出，应充分尊重并畅通民意，决不能堵塞民意，形成“言塞湖”。

好官，会管，也应该会灌！

——广东省委书记汪洋、省长黄华华与26位网络“大虾”座谈，开全国先河。来自深圳的网民“夜郎锅王”希望有更多领导与网民互动。

来自河南省邯郸市曲周县的国家体育场（“鸟巢”）建设者。累计10万人参与了“鸟巢”的建设。（图—张海儿/新周刊）

让政府拿钱出来救市不现实。

——广东省省长黄华华表示要加快经济适用房的建设。

生不起，剖腹一刀五千几；读不起，选个学校三万起；住不起，一万多元一平米；娶不起，没房没车谁跟你；病不起，药费让人脱层皮；死不起，火化下葬一万几。

——宁波市委书记巴音朝鲁引用这句顺口溜来解说民生问题。

为什么人民群众一闹事，人民政府就派人民警察去处理人民内部矛盾？人民警察被人民群众围住，人民政府就设法把人民警察从人民群众中解救出来。

——云南省委一位负责人在一次会议上设问。

说话没人听，干事没人跟，群众拿刀砍，官当到这份上，不如跳河算了！

——云南孟连县 2008 年 7 月 19 日发生警民冲突，在事后召开的普洱市官员会议上，云南省委副书记李纪恒严厉警告在场官员。

母乳喂养不仅考虑到营养，也能零距离接触培养母婴感情，干群关系同理。

——云南省委副书记李纪恒在“做好新形势下群众工作研讨班”上提出要加强干群联系，而一些基层干部已经把“为人民服务”异化为“为老板服务”。

省里是亲人，市里是好人，县里是坏人，乡里是恶人，村里是仇人。

——一句民间谚语。

只有不称职的官员，没有不称职的百姓。

——重庆市委书记薄熙来说。

在经济全球化、信息网络化的今天，现代传媒已经成为一种重要的公共力量，一种能够影响社会的“软权力”，具有其他力量所无法望其项背的“魔力”，没有人能回避这种力量。

——昆明市委书记仇和表示，欢迎并将以制度化形式保障舆论监督。

到昆明工作，人地两疏，和大家无亲无故；从未共事过，与大家无恨无怨；只身一人，无牵无挂，工作一定能无私无畏。

——昆明市委书记仇和在就职演说中如是说。

当谣言走出家门时，你才开始穿袜子；当谣言跑在大街上时，你才走出家门；当谣言深入骨髓时，你才主动发布正确信息，但那时已经有些晚了。

——王旭明卸任教育部新闻发言人一职后接受记者采访，批评有些官员的新闻发布会意识落后。

因为我们政府明白，阳光才是最好的杀毒剂。

——国家审计署审计长刘家义作《2007年度中央预算执行和其他财政收支的审计工作报告》，对外经济贸易大学会计系教授、审计学专家雷光勇评价说。

今后不是“搞定”一个人就行了。

——国家药监局机构改革将突出分权制衡，该机构新闻发言人颜江瑛诠释这种改变。

准备一路边走边滑雪返回武汉。——2008年初的雪灾使得春运告急，在荆州就读的一大学生异想天开打算租雪橇滑雪回武汉的家。（插图/谭正文）

要想经营好企业，首先要“经营”好政府官员。“经营”官员，重点要“经营”好处长。

——近年来职务犯罪中处级干部所占的比例居高不下，一位商界人士透露如此“秘诀”。

这官越来越难做了，不仅要唯上，还得唯下。

——中组部委托国家统计局在全国 31 省区市开展“组织工作满意度”民意调查，一位地方官员私下抱怨。

一问三不知，老百姓白养活了你！

——陕西榆林市市长李金柱批评一名只会讲套话的财政局副局长。

现在有这样一种逻辑，好同志不能批评。毛泽东同志是伟大领袖，不能批评，结果犯了不可原谅的大错，这样沉痛的教训难道还不值得我们、特别是高级领导干部想一想吗？干部特权问题今天已经成为人民群众感到灰心丧气、失去信心的一个毒瘤，为什么还舍不得让人民群众去碰一碰，动一动手术呢？

——原《中国青年报》副总编辑钟沛璋回忆当年发表点名批评高级领导干部的文章时说。

就像站在舞台的聚光灯下，下面一片漆黑，不知道谁在扔鲜花，谁在扔砖头，只能满脸微笑着站在台上。

——湖南株洲市纪委书记杨平实名上网，他这样谈自己的感受。

我看到这个消息后，初步有个念头，在我们财政可以负担的情况下，也向市民发点钱，以抵消 CPI 高速增长的影响。

——广东东莞市委书记刘志庚表示，受澳门特区政府派送红利的做法启发，考虑给市民发放“临时生活补贴”。

三千五的房子哪里去买，找奇帆市长；三千五的工资哪里去赚，找奇帆市长；一比一的房子哪里去买，找奇帆市长。

——重庆市常务副市长黄奇帆接受央视采访称，重庆房价平均每平米3500元，重庆人很幸福。之后这段调侃歌词在重庆网民中风传。

最好罚他一个月三分之一的工资，这样就没有人敢再违章了。

——广州市委政法委书记张桂芳在整治交通秩序专项行动动员大会上如此建议，《东方早报》的评论说，"广州市政法委书记真是太牛了"。

禁摩，禁电，禁猪，现在开始"禁人"了！

——广东省东莞市提出，要以提高出租屋租住和经营成本的经济手段推动新东莞人（即外来务工人员）回乡创业，有网民如此评价。

石家庄这三个字作为城市名，我个人没觉得有什么不好，倒是陈委员建议的那三个名字多少有点问题：西柏坡，跟"庄"比起来，"坡"显得更土，再小的庄子也不止一个坡吧，按这个思路，不如叫苏东坡，不仅名字大，韵味更足。

——在河北省政协十届一次会议上，石家庄科技局副局长、省政协委员陈玉建议为石家庄改名，他为石家庄拟定的三个名字分别是：西柏坡、冀都、北宁。专栏作家王小山如此评论。

我走遍全世界，看病最不难是中国，看病最不贵是中国。

——广州市卫生局副局长曾其毅说，中国人觉得看病贵是价值观念问题，"修一个人一百多觉得贵，修一个机器、换一个汽车零部件要几千块却没人觉得贵"。

武汉竟然有条“黄泉路”，这样的路，谁还敢走？

——武汉市市长阮成发说武汉地名乱起名、滥起名的现象必须好好管一管了。

至少一斤的酒量，干得好可以转为公务员，女性，身高一米六二以上……

——广东省阳东县远赴重庆招聘接待工作人员，抛出如此招聘条件。

洗脚也是种文化。

——湖北宜都市委书记宋文豹如此鼓励第三产业。

如果在门诊看病，误诊率是 50%。如果你住到医院里，年轻医生看了，其他的医生也看了，大家也查访、讨论了，该做的 B 超、CT、化验全做完了，误诊率是 30%。

——广东省卫生厅副厅长廖新波的博客建议患者到多家医院核实以减少误诊。

这样的预算管理分明是逼着你乱花钱嘛，不花完，你就是蠢材！

——广州白云国际机场股份有限公司董事长、原广州地下铁道总公司总经理卢光霖披露，广州地铁 2 号线的预算是 106 亿元，结算时是 88 亿元，反遭批评没有达到预算。

有一个简单的判断政府投资是否过头的办法，就是看政府的奢侈大楼、形象工程是否越来越多。80 年代，没有几个地方政府盖奢侈大楼，甚至 90 年代也很少，但是，到近几年则到处都是，这说明，不能由政府继续掌握那么多投资的钱了，是扭转“国富民穷”局面的时候了。

——经济学家陈志武谈政府投资。

市机关和企事业单位的党员干部和职工，除本人严禁到保护区游玩外，还要教育家属、子女不到保护区游玩、游湖。

——贵阳为保护水源禁止公务员到阿哈湖水库饮用水源保护区游玩，引发争议。

对酒后失态、语无伦次、站立不稳等行为的干部、职工，我们一律对其作出停岗停薪一年的严厉处罚。

——河南项城市新桥镇政府的“禁酒令”如此规定。

你们涉嫌非法入境。

——昆明市民组团自驾游怒江，被泸水县旅游局“执法”。该局副局长称，凡进入怒江州的旅行社团队，必须由当地旅行社地接。

交通局电脑中病毒了，色情网站自己“蹦”出来的。

——陕西南郑县交通局主任在办公室浏览色情网站，县委一位干部向记者如此解释。

亲爱的爸爸妈妈，让我和你们一样一辈子住在又脏又乱的村里，我会开心吗？

——洛阳市洛龙区古城乡政府以孩子口吻起草《给爸爸妈妈的一封信》，要求面临拆迁的青阳屯村学生拿回家给家长签字，以达到逼迁的目的。

全国最大是事实，世界最大是目标！

——因派人进京抓捕记者而成为媒体焦点的辽宁省西丰县，欲打造总建筑面积达48万平米的“全世界最大农特产品交易中心”，而西丰县城只有3万多人口。

2008年4月30日，广东南岭国家级自然保护区，年初的雪灾使得保护区内的树木大面积断枝。（图—阿灿/新周刊）

其目的首先是推广礼仪，其次就是防止安全事故发生。

——贵州省黄平县要求全县中小学生必须向过往车辆敬礼，该县教育部门负责人如此说道。

花钱买平安，平安促发展，有钱的出钱，有力的出力。

——陕西省神木县公安局大柳塔分局副局长魏小敏在“花钱买平安”座谈会上，向70余名煤老板现场收取“赞助费”219万元。这一座谈会在内蒙古鄂尔多斯市举行，且与会干警不许穿警服。

当时只剩一名值班民警留守，正在专心工作，没听见呼救声。

——云南个旧市民陈静云在距离派出所20多米远的地方被抢，她大声呼救却没人回应。事后，派出所这样答复。

狠抓就是开会，管理就是收费，重视就是标语，落实就是动嘴。

——民间一段子，讽刺某些政府部门的工作作风。

决策时拍脑袋，遇到困难时拍胸脯，出事了就拍屁股逃避责任。

——政治学者俞可平说有些干部的作风。

有多少干部毁掉了我？

——在关于上海前首富周正毅的一本书中，有人质问周正毅“毁掉了多少干部”，他这样反问。

95%的贪官都有情人。我把贪官情人分成七种类型，包养型、情感型、俘虏型、相互利用型、第四者型、欢乐型、复合型。

——郑州市纪委书记王璋给派驻各单位纪检监察机构的负责人上培训课时说。

你知道我是谁吗？我是北京交通部派下来的，级别和你们市长一样高。我掐了小孩的脖子又怎么样？你们这些人算个屁呀！敢跟我斗，看我怎么收拾你们。

—— 涉嫌猥亵幼女的深圳海事局党组书记林嘉祥在面对孩子家长的责问时气焰嚣张。

你鱼肉百姓，百姓就人肉你。

—— 网上流行的一句话。"我是交通部派下来的"的"猥亵高官"林嘉祥、穿着内裤追打医护人员的海南处级干部"内裤超人"都遭到了愤怒的网民的"人肉搜索"。

收了钱，还觉得自己比别人清廉。（原开化县委书记王金良）

直到以涉嫌贪污罪被逮捕，我才知道贪污是重罪。（原乐山市市中区水利局局长曹桂芳）

我这人脸皮薄，人家一再坚持给，我就不好意思推辞。（原中铁信息工程集团有限公司审计部部长李昌波）

—— 贪官语录。

中国出了个毛泽东，文昌来了个谢明中。

—— 原海南文昌市委书记谢明中因索贿受贿、巨额财产 2500 多万元来源不明被判处死缓。谢明中曾被誉为政坛新星，文昌一位局长在当地杂志上如此肉麻地吹捧谢。

他的办公桌上经常会放一叠报纸，找他办事的人看报纸有多厚，就要放多少钱。

—— 山西临汾副市长苗元礼因腐败被双规，民间这样描述他的贪婪。

香豆腐。——沈阳市和平区太原街以“污染环境”为理由整顿臭豆腐摊点，有的商贩用报纸贴住“臭”字，有的索性将招牌改成“香豆腐”。（插图/谭正文）

这是一起突发性地质自然灾害。

—— 某“权威”专家如此解释 2008 年 11 月杭州地铁坍塌事故的原因。这让人联想到山西襄汾溃坝事故的原因最初被认定为“因暴雨后的泥石流引发”。

只讲生产、不讲安全，只讲效益、不讲安全，只讲赚钱、不讲安全。

—— 原国家安监总局局长、新任山西代省长王君用 24 个字形容长期违法生产、酿成襄汾尾矿溃坝事故的新塔矿业公司。

我们就是独裁。

—— 江苏省劳动仲裁委在裁定用人单位解除以病假条为由旷工的员工的劳动关系是否合法时，只认医院公章，不管假条真伪，整个裁定过程始终只有一人仲裁，相关人士还理直气壮地这样说。

那个矿主能量太小了，小到只能一手交钱一手封口。如果他有足够的权力，一个电话就可以叫所有的真记者封口；或者他有中石化中石油那样的财力，有权者会主动配合他封口。

—— 作家十年砍柴评论山西煤矿“封口费”案件。

在具体的工作中，很多事情是约定俗成的，只要考虑到对大局有利，对长远发展有利，让局部作些牺牲，都是允许的。这种现象现在到处都是。

—— 安徽黄山市政协副主席吴洪明在庭审中为自己涉嫌滥用职权致使国家遭受 6800 余万元经济损失的行为如此开脱。

拉斯韦加斯是一个典型的城市，干部去学习考察市政建设是很合理的，不能就此判断是去赌博。

—— 江西新余、浙江温州官员国外考察团行程被网民曝光，温州团 21 天行程中有 16 天往来于夏威夷、拉斯韦加斯等著名景点，实际考察时间只有 5 天。温州组织部长鞠建林说在调查结果出来之前不能贸然下定论。

没有最多，只有更多。

—— 全国多个地方政府被曝编制有问题，辽宁铁岭有 9 名副市长、20 名副秘书长；河南新乡有 11 名副市长；湖南平江有 9 名副县长。一网民如此评论。

今年过年不回家。

—— 由于南方大面积的雨雪影响，春运告急，广州火车站滞留人数一度达 60 万人，媒体发出了这样的呼吁。

广州火车站是黑色的。

——2008 年 1 月 31 日，一位刚从地铁口出来的旅客见到广州火车站站前广场黑压压一片的人群，这样感慨道。

车站。方便面。

—— 对于在广州火车站滞留的旅客来说，短期内这两个词最好不要跟他们提及。

这里不卖票只退票，其他什么事情我都不知道。

—— 2008 年 1 月 28 日，在作为滞留旅客临时安置点的广州锦汉展览中心，因为旅客不断询问火车何时开，一个志愿者拿着大喇叭反复重复这两句话。

2008年春节幸福四大指标：床上无病人，牢里无亲人，自己不是炒股人，京广线上无熟人！

——一条被不断转发的短信。

白飞了……

——一个ID为“大雁”、在南方从业的北方白领的MSN签名。

我们这里没有水，也没有空调。住不住随你便。要洗脸，自己买矿泉水上去。

——受雪灾影响，湖南郴州交通瘫痪，停水停电，取不到钱，买不到东西，看不到报纸，最紧俏的蜡烛甚至卖到50元1支，郴州成了名副其实的“孤岛”。四星级的郴州国际大酒店的服务员向顾客这样说。即便这样，豪华单人间和双人间都要758元，并且只剩两间。

绝望？我们从没绝望！最冷最饿的时候，我们会一起唱歌，唱《隐形的翅膀》！

——在京珠高速公路上被困八天八夜的12岁的杨婷说。和她同行的还有2岁的妹妹、8岁的弟弟、65岁的奶奶。

你先走，我坐下趟车。

——2008年1月31日凌晨3时20分，广州火车站，A642次列车缓缓驶出站台。月台上的胡进对着手机大声喊道，他的妻子则在已经开动的火车上。胡进和妻子在广州火车站站前广场立交桥下待了两天三夜。

他们只是回到解放前而已，人生没什么大不了的。

——记者在贵阳街头现场报道说贵州的电力恢复了大半，一名贵州省毕节市的居民在网上发帖声称报道不实，实际情况是当地连10块钱一根的蜡烛都没得卖了。

因为空气污染，中国工程院院士钟南山说广州人的肺都是黑色的。图为灰霾笼罩的广州城。（图/吴峻松）

高雪压!

——国内有媒体如此称呼50年一遇的特大雪灾，引起所有人的强烈共鸣。

咱们现在是灾民，要赶紧更新观念，老老实实地做一个灾民，过去的美好日子现在千万不要想。

——2008年1月28日，贵州都匀一市民这样应对朋友对雪灾的牢骚。

希望南方的雪下到北方来。

——2008年1月31日，诗人赵丽华在博客上贴了一首旧作《雪》，并赋感言希望南雪北下。

据不完全统计，有60%的基金操盘手被困在机场吃方便面!

——有媒体声称，因为雪灾导致的大面积的人员滞留机场，无法进入股市抄底，待在家中人员又因大面积的停电而无法上网操作，导致了近期股市的一路下挫。

和那些在高速路上困了40个小时，并且粒米未进的司乘人员相比，城里的人还是要幸运些。和曾被美军围困的巴格达相比，高速路上的人又要幸运些。虽然也有生命危险，毕竟不会突然死亡，天空中只下雪不下子弹。

——一名网民如此评价雪灾所带来的影响。

世界上最遥远的距离，不是你站在我面前，而不知道我爱你……而是从广州火车站广场到站台的那100米。

——一则网络经典酸词在被局部篡改之后成为网民引用的流行语。

我活在没有答案的问题中，渐渐地我把那道难题当成自己的核心事实并且欣然接受……我已经习惯于自身的晦暗，并且把它当成自我理解和自我尊重的来源，当成本体论的必要性而守住不放。

——美国作家保罗·奥斯特小说《月宫》中的句子。语词搜集人黄集伟感慨，在毒奶粉、制度溃堤、道德崩盘之类的语境中，这句本来跟我们八杆子打不着的话也便幻化为你我的喟叹。

那些从前危害我们的人——不往飞机的窗户外张望一眼和吃特殊供应的人们——也许仍在周围并制造污染，但他们不再是我们的主要敌人。那些国际上的危害力量也不是我们的主要敌人。今天我们的主要敌人是我们自己的恶习：漠视公德、空虚、个人野心、自私和互相倾轧。主要的斗争将不得不在这个领域中进行。

——捷克作家、前总统哈维尔的话似乎值得乳业巨头们引以为鉴。

我们政府对食品的监管力度，绝对是全世界的第一！

——中国疾病预防控制中心营养与食品安全所研究员、中国工程院院士陈君石在凤凰卫视《世纪大讲堂》上说。

卫生部门、质监部门、农业部门都有检测单位，检测单位都是这些部门的“儿子”，它们通过“儿子”来检测收钱的。

——广东省食品行业协会会长张俊修说。

老百姓认为致癌的吃了就不行，按照这个逻辑，晒太阳会致癌，那么我们是不是天天都在晒会致癌的太阳呢？

——广东省质监局副局长任小铁 2008 年 11 月 5 日在接听广东“民声热线”时这么说。

现在是十年来奶品质最好的时候，要喝奶就趁现在吧。

——北京百合农联科技有限公司董事总经理乔富龙认为，中国奶业这一次出事出在三聚氰胺上，下一次危机的引爆点又不知在哪里。两次危机之间的眼下，反而是最安全的。

我们发到香港的产品和出口的产品是一样的，保证比内地的产品质量更好、更安全。

——蒙牛集团发言人在面对香港媒体的发布会上说。

（蒙牛说）大家都是奶粉里加三聚氰胺，三鹿，你够狠，三聚氰胺里加奶粉！
（公鸡愤怒地对母鸡说）鸡蛋里怎么会有三聚氰胺？是不是你跟奶牛搞上了？
盯紧每只牛，看住每只鸡。

——继奶粉之后，鸡蛋中也被测出含三聚氰胺，三聚氰胺成了国人挥之不去的梦魇。

自取其乳。

——有网民感慨，以后征婚需严苛至考核女方的乳腺发育状况，确保在进口奶粉吃不起、国产奶粉吃死人，国外奶粉要钱、国产奶粉要命的险恶境况下可以自取其乳。同时网上也出现了兜售自家人奶的“牛奶男”。

三鹿奶粉，后妈的选择。

——以毒奶粉为主题的段子满天飞，这是题为“三鹿 2008 最新广告”的短信中的一句。

好歹我们是共和国，怎么可能会有这模拟丹麦、英国和日本这些君主立宪国的“特供”呢？

——网上流传“国务院中央国家机关食品特供中心”的消息，媒体人梁文道则如此谈“特供”。

花卷：馒头的远房表妹，喜欢臭美，它是花枝招展版的馒头，是没有实际内容（馅儿）的包子，它是主食界的80后。——馒头国家标准正式实施，要求馒头形状美观，呈圆形或椭圆形，没有褶皱、斑点，引起热议。此为戏拟的花卷定义。（插图/谭正文）

中国人在食品中完成了扫盲：从大米中我们认识了石蜡，从火腿中我们认识了敌敌畏，从咸鸭蛋、辣椒酱中我们认识了苏丹红，从火锅里我们认识福尔马林，从银耳、蜜枣中我们认识了硫磺，从木耳中认识了硫酸铜，最近三鹿又让同胞们知道了三聚氰胺的化学作用。

——一网民说。

依我之见，三鹿集团实至名归，由于得到这个集团的推广，如今人人都知道三聚氰胺的化学作用是在牛奶之中催化蛋白质，让全中国乃至全世界上了一堂宝贵的化学课。如果你好学上进一点，除了熟记三聚氰胺这个原本非常陌生的化学名词之外，你现在甚至连它的英文名字 Melamine 也琅琅上口。

——有网民认为 2008 年的诺贝尔化学奖应该颁给三鹿集团。

食品安全遭遇空前危机。经研究决定，今后一段时间内，政府工作重点是，一手抓奶，一手抓蛋，并同时强化对鸡的管理。敬希各职能部门认真贯彻“抓奶、抓蛋、管鸡”六字方针，将其落实到实处，切实抓出成绩业绩政绩。

——流行短信。

国外确实没有关于三聚氰胺的禁令和限量，原因你可以这么理解——哪个国家的质检部门，也不会明文规定牛奶里不准加屎，当然也就不会规定牛奶里屎的最低含量可以是多少。

——作家阿丁说。

谁死鹿手?

——继正龙拍虎、兆山羡鬼、秋雨含泪之后,三鹿毒奶粉事发催生了又一个新成语。

早上起来用含致癌物质的牙膏刷完牙,再喝一杯含碘过多、被三聚氰胺污染、早已过期的牛奶。午餐就吃放了苏丹红的鸡蛋,再吃避孕药饲料养大的鳝鱼和喷洒 DDT 的白菜。晚饭就吃病死猪做的菜。多么美好的一天!

——一网民发的帖子,标题是"美好的一天"。

日本唯一值得中国学习的地方在于,它建了规矩,就是为了守的,其他不足道哉。

——有感于三鹿奶粉事件,旅日作家萨苏在博客中重提自己当年说过的这句话。

说到喜欢不喜欢北京办奥运会,这个我们就管不了那么多。世界之大,什么人都有,本来这个世界就是很热闹。

——国家副主席习近平与香港记者茶叙时,对于奥运前夕出现的一系列事件如此评论。

佛教教育人们要心怀尊重、向往和平、拒绝暴力,真正的佛教徒不会诉诸暴力,更不会为了实现自己的诉求去伤害别人。

——世界佛教徒联谊会秘书长帕洛普·泰阿利在访华期间接受新华社记者专访时说。2008 年 3 月 14 日,拉萨市爆发了严重的打砸抢烧事件。

中国不是世界警察。世界的公道,要靠世界来努力。

——全国政协委员、前国新办主任赵启正针对一些西方媒体因达尔富尔问题宣扬抵制北京奥运会的言论如此说。

在战略上藐视他们，在精神上打倒他们。

——针对奥运火炬传递中屡屡出现的闹事者，央视主播白岩松在节目中这样说。

不抵制法货，只抵制蠢货。

——2008 年上半年抵制家乐福事件中使用频次颇高的 MSN 签名档。

做人不能太 CNN。

—— 因为 CNN 在报道拉萨“3·14”打砸抢烧事件时篡改照片、CNN 主持人卡弗蒂发表恶毒攻击中国人的言论，引起了中国民众的愤慨，使得这句话在网上流行。

正如奥运一样，北京的 5860 亿美元救市计划击败所有对手。

——《泰晤士报》如此评价中国中央政府的 4 万亿元扩大内需计划，瑞士《新苏黎世报》的评论则是“一剂有潜在副作用的中药”。

美国的 7000 亿美元救市计划好比是“快餐食品”，而中国的长期监管措施却好比是中国“精心烹制的食物”。

—— 银监会主席刘明康在天津夏季达沃斯论坛表示，美国金融危机将会使世界实体经济受到负面影响。要减小这种负面影响，不仅需要注资这样的短期救助措施，还需要从长期加强监管。

要严防再出现“每修一条高速公路，就倒下一排干部”。

—— 对于 4 万亿扩大内需、保增长计划，经济学家成思危担心滋生腐败。

NIKE

2030 年中国将超美欧成为世界最大市场。

—— 世界银行副行长兼首席经济学家林毅夫指出，中国经济在近 30 年保持 10% 左右增长，并仍将维持该增长率 30 年不变。

现在该是中国要求美元停止贬值的时候了！

—— 中国要求发达国家实施负责任的货币和汇率政策，商务部研究院研究员梅新育如此解读。

让中国承担救市重任无异于让“小个子”去拉跌倒的“大块头”。

—— 中国社科院专家陶然如此评价西方要求中国出钱救市的声音。

中国无法拯救世界，只能拯救自己。

—— 在 2008 年 12 月 3 日举行的克林顿全球倡议亚洲会议上，中国投资有限公司董事长兼首席执行官楼继伟如此表示。他说，中国能解决内需不足和生产衰退的挑战，已经是对世界经济最大的贡献。

我要上了春晚，就没赵本山什么事了！

—— 经济学家郎咸平说，从 2009 年起，不想、也不敢再预测中国经济了，要改行当明星。

“解放军”终于来了，幸好，来得还不算迟。

—— 得知央行 6 年以来首次宣布降息的消息后， SOHO 中国董事长潘石屹表示。

如果真是坐宝马车、喝污水，那就是对现代化的极大讽刺！我们决不要这样的发展。

—— 环境保护部部长周生贤表示发展不能以破坏环境为代价。

2008年11月，广州火车站，在巨幅羊城形象海报前等待上车的人。受金融危机影响，珠三角一些企业不景气，许多来广东打工的人选择提早回家。（图—阿灿/新周刊）

你能玩得起就玩，玩不起的人怎么能让政府来保护呢？

——北京大学中国经济研究中心教授霍德明表示坚决反对用下调印花税来激活股市，称中小投资者要自己保护自己，遭到网民的强烈反击。

富人不存款，钱都拿去做企业了，存款的一般都是老百姓。百姓辛辛苦苦攒钱存银行，利息还要收税，不公平！

——全国政协委员、天津华明集团董事长刘乃兰炮轰利息税。

经过三十年改革，中国真是换了人间，一个人如果一觉睡了三十年醒来，肯定不认识这个国家了。但是，如果他去坐一趟火车，还能觉得不陌生。

——著名经济学家茅于轼如此感慨。

我可以这样说，世界上找不到我这样一位好老板。因为老板最重要的是，伙计给你挣的钱多，你应该也给他多点，伙计完不成任务，就请他走人。

——国资委主任李荣融如此回应对央企高管薪酬的质疑。他透露自己月薪为 1 万元，年薪 12 万，没有奖金。

逢水必污、逢河必干、逢雨必酸。

——对于在中国 1/3 国土面积上出现的水污染问题，时任国家环保总局副局长的潘岳如此直言。

既要金山银山，也要绿水青山。

——南昌市市长胡宪在“两会”上表示。

我每天出门都要抬头看看天空，看到蓝天白云，就高兴得要命。

——广州市市长张广宁谈到环境治理时的感慨。

50岁以上的人，哪怕没有肺部疾病，（手术）开出的肺部也是黑黑的，如果是红红嫩嫩的那肯定不是广州人。

——在珠三角大气污染防治高峰论坛上，中国工程院院士、广州呼吸疾病研究所所长钟南山指出空气污染对人体的危害。

搞三峡工程导致南方冰冻、雪灾，影响到大旱、大水，甚至有人说影响到沿海地区的地震，这都是一种误解。它没那么大威力。

——国务院三峡办副主任高金榜回应关于三峡工程的质疑。

搬到边境去住，呼吸的时候，头冲外，呼吸免费的空气。这不算走私吧？

——中国科学院院士蒋有绪认为，居民作为二氧化碳的排放者，应该为节能减排付出代价，“可以考虑让市民每个月买20块钱的生态基金”。这一提议被解读为“呼吸税”，有人如此调侃，还有人建议按肺活量大小收费。

咳，您说咱人类，这费了半天劲，还不就是刨了个坑把自个儿埋了！

——一位出租车师傅在聊到南方大规模灾害天气、气候变化、温室气体排放、《京都议定书》后这样说。

马上就会好。

——马英九当选为台湾地区新领导人，这是对他当选的民间表述。

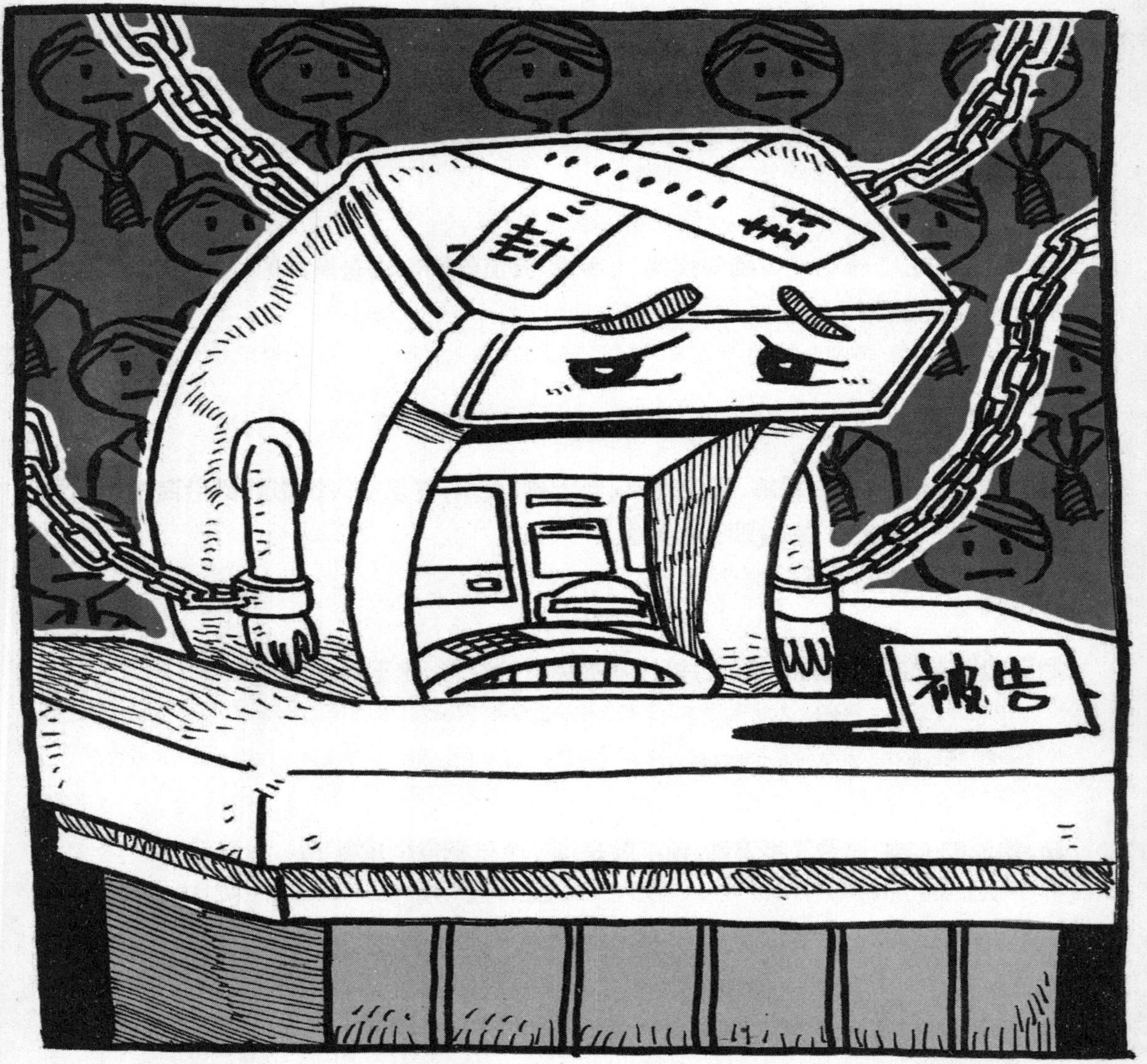

广州市商业银行的柜员机没有被传唤到庭，今天的庭审少了一名被告，因而，庭审并不健全！——许霆案重审，许霆的辩护律师杨振平在庭审中这样说。（插图/谭正文）

脱代表解放，我们脱了，希望台湾脱离 8 年苦闷生活，未来过得更好。

——马英九当选，台湾一群年轻人发起“庆祝胜选裸照活动”，自拍全裸不露点的照片上网。

九万兆。

—— 台湾“行政院副院长”、东吴大学校长刘兆玄受命“组阁”，新“政府”由马英九、萧万长和刘兆玄组成“铁三角”，台港媒体如此命名这一“铁三角”。

每一个人都说你上来要“马上做”，可是这么多事情，怎么可能集中在一个月两个月做好咧？我们到今天 7 月 16 日，还差 4 天才两个月，现在大家好像以为我们已经上任两年了。

——马英九谈及疲弱的经济情况时，自嘲姓马吃亏。

我曾经当面跟马英九说，你的性格像李渊，你绝对不是李世民。

——台湾国民党“立委”邱毅说，现在台湾需要的不是一个谦谦君子，而是一个力挽狂澜的英雄。

因为我们的“宪法”无法容许在我们的领土上还有另外一个国家；同样地，他们的宪法也不允许在他们宪法所定的领土上还有另外一个国家，所以我们双方是一种特别的关系，但不是国与国的关系，这点非常重要。

——马英九接受墨西哥太阳报系集团董事长瓦斯盖兹专访时说。

没有牙齿就要装假牙，假牙就是媒体。

——台湾“监察院长”王建煊上任时如是说。监察院被批评为没有牙齿的老虎。

如果20年后，大陆国台办主任是台大毕业，或是“陆委会主委”是北大毕业的，这有什么不好？

——马英九谈台湾承认大陆学历的好处。

老百姓要了解一个人的能力很难，只能通过长相、通过语言能力判断他的智商，很容易被迷惑。

——台湾知名传媒人陈文茜说，现代政治产生的领袖要么长相好，要么语言能力强。

我想政治家和政客之间有一个根本的不同：政客只看见眼前在广场上摇旗呐喊的成人，政治家的心中，却一定有一个六岁的孩子。

——台湾作家龙应台就台湾需要什么样的领导人这一问题如是回答。

要当刀，我也要当大关刀！

——被视为马英九最核心的幕僚、前台北市副市长金溥聪对于外界给他取的外号“金小刀”如此回应。

海角七亿。

——陈水扁涉嫌侵吞7亿新台币，他和夫人吴淑珍五鬼运财般转到“天涯海角”的赃款被称为“海角七亿”。有报道说，陈水扁侵吞的款项还不止7亿新台币，而可能是7亿美金！

我觉得最适合陈水扁住的地方，不是什么民生官邸，也不是高雄的豪宅，而是在监狱里面。

——对于陈水扁卸任后住哪里，台湾“立委”邱毅给出这样的建议。陈水扁果然因巨额贪污案入狱，狱号“2630”代替了他的名字。

每次选举都是吴淑珍坐轮椅换选票，难道不该留点积蓄。

——台湾媒体报道，扁家人为了海外账户的事情多次大吵，陈水扁的儿子陈致中曾对父亲如此大叫。

如果郭台铭拿了一个假的LV，你会认为是真的；若是乞丐拿了一个真的LV，你会以为那是假的。大家不要因为我的身份就认定一定有内线交易。

——台开内线交易案被告、陈水扁的女婿赵建铭在庭上喊冤。

三百六十行各行各业都可以发财，只有搞政治的不可以发财。而台湾很荒谬，所有从政的人都会发大财，这是很可恶的一件事情。

——台湾戏剧导演李国修说。

这样的人除了用“四百年台湾历史第一罪人”评价他，实在没有更好的形容词了。

——陈水扁自传《台湾之子》作者、台湾著名政治评论员胡忠信说。

政治人物好比天上的星星一样，同一个星座的星星看似很近，其实距离好几万光年。

——民进党“总统”候选人谢长廷在一次聚会中被问及是否跟陈水扁不和时，如此回答。

出阁无望，入阁没兴趣……如果要请我到通天阁、杏花阁，还有什么吟松阁，反正吃饭的阁，挺有兴趣的。

——单身的国民党女“立委”洪秀柱被问及是否愿意成为新政府的阁员时，如此回应。

2008年2月28日，青海格尔木，广场上跳街舞的当地少年。（图/何雄飞）

他游泳技术很高的，现在还可以连续游两千米……但没有人能抱着篮球游过台湾海峡的，不信你们可以去试试。如果可以的话，那金门的百姓就全都游过来了，也用不着“小三通”了。

——林毅夫的夫人陈云英澄清他抱两个篮球泅渡台湾海峡到大陆的传闻。

如果你投蛋的技术跟王建民一样精准的话，你可以选择中程飞蛋或是长程飞蛋，我们有奖金，如果说你击中脸部，我们有 1000 元奖金，如果说击中身体，也有 200 元奖金。

——台湾北社副社长王美琇竟然公开表示，准备了 1200 颗鸡蛋用来“伺候”来访的海协会会长陈云林。

毛泽东（100 元人民币头像）放在家，比蒋介石（1000 元新台币头像）好。

——一名台湾老伯说。台湾开放兑换人民币，给了台湾居民一条新的理财渠道，许多岛内民众拿新台币来换人民币。

对我们来说，却宛如阿姆斯特朗登陆月球一样，对两岸关系发展，将是向前迈进一大步。

——海基、海协两会正式复谈，马英九如此评论。

过去我们到大陆来都看什么？就看风景，看到过去；现在也看未来，也看到愿景。

——台湾亲民党主席宋楚瑜应邀来北京出席奥运会，在接受凤凰网专访时这样说。

我们不是为了去大陆而去大陆，而是为有所为而去大陆。

——国民党主席吴伯雄赴大陆访问前，在记者会上如此阐述此行目的。

以后台湾对于大陆的经贸关系，如果能够做到像硅谷之于美国的关系，成为“中国的硅谷”，那将是非常好。

——香港中文大学校长、台湾“中研院”院士刘遵义在台北的研讨会上发言。

每次当蓝绿两党为了选票廉价地操作两蒋的时候，困扰的是我的家人，伤害的是整个台湾。今天的台湾应该要迈入后蒋时代，不要再次将两蒋作为一种图腾。

——蒋介石曾孙蒋友柏在博客上发表文章赞成“去蒋”。

如果现在都在想让穷人去买房子，可能就是美国的次级债。

——华远集团总裁、总经理任志强在“冲刺2008京沪房企发展战略对话论坛”上重申他的富人买房论。

对于那些事业没有最后定型，还有抱负、有理想的年轻人来说，应该在40岁之前租房为好。

——万科企业董事会主席王石说，对于正在创业阶段的年轻人而言，房屋将在转换工作时成为一种负担。

待遇比小公司强多了……扫马路和做白领都一样。

——上海大学生环卫工坚守一年无一离职，他们认为这份工作福利不错，高温天有津贴，加班有加班费，逢年过节有慰问品。

有的公司专招漂亮女生，不知道招了干什么？

——陕西长安大学就业指导服务部一主任说。

老爸，去年中国 GDP 的增长是 11% 哟，你就算不多给，至少也要与 GDP 同步吧！

——武汉一大三女生退回父亲给的 500 元压岁钱，称其未与 GDP 同步。

我们的人才需求是：靓丽、帅气是生产力。

——在厦门大学嘉庚学院举行的毕业生供需见面会上，一家企业打出这样的标语。

年终奖也是一种生产力。

——有调查显示，80.2% 的员工认为年终奖对于自己明年更好地工作会有促进作用。

能喝一斤以上的高度酒；父母是厅局级干部者优先，大学校花优先。

——某地一家企业招聘员工，有一个条件，两个优先。

陕西不能提老虎，长沙不能坐火车，山西不能下煤窑，上海不能进社保，济南不能聊大雨，广州不能去车站，香港不能修电脑。

——2008 年年初一则标题为“七省禁忌”的新民谚通过短信这一载体广为流传。

周正龙拍虎，活着；魏文华拍城管，死了；结论：城管猛于虎！

——网民评论。

让周正龙上诉，天塌不下来。

——红网的评论称。

（城管和流动小贩）就好像狼和羊，狼把羊吃完了，狼也不行；羊太厉害了，草原也出问题。——中国人民大学行政管理学系主任毛寿龙教授把城管和小贩的关系比作狼和羊，认为不能取缔城管，并表示“狼肯定是暴力的”。（插图/谭正文）

中国当代最富盛名的浪漫主义摄影师。衍生为替死鬼。

——对周正龙的评价。

照片后期处理得相当好，我只能说咱们中国农民很不错，PS 的水平太高了。

——刑侦专家李昌钰博士在福州向 260 多位警界与法学界人士作专题演讲，解说华南虎照片。

你以为你是谁啊，你以为你能改变世界？不自量力的家伙！

——周正龙案二审结束后，打“虎”人士郝劲松收到的一条挑衅性短信。

什么是旅游，旅游就是无中生有。

——湖南平江“吴老虎”策划者盛建华称，旅游发展需要制造传奇、亮点和关注点。

等一等就安全了，让一让就过去了，忍一忍就和谐了。

——中铁十一局集团在施工工地防护墙上贴出的标语。

贵阳——The Expensive Sun。

——贵阳客运段列车上的中英对照标牌翻译错误百出，其中把贵阳翻译为“昂贵的太阳”是最令人叹为观止的错译。类似错误还有将“投诉”翻译成“throws（投掷）to tell（告诉）”。

南岸区创建全国文明城区领导小姐办公室。

——重庆南坪新街惊现一“雷人”广告牌，后被修正。

今年春节前的“工作目标”是15万元!

——深圳市有关部门捣毁了一处倒卖火车票窝点,该窝点墙上贴着这样的“工作计划”。

我一个晚上就一口气送了280个红包,每个500元。

——湖南省衡阳市祁东县一位私营企业老板为了当上人大代表,不惜花钱贿选。

我以为和警察一起去抢劫应该很安全。

——重庆民航候机楼派出所一民警伙同他人抢劫女乘客,其团伙在受审时这么说。

那你给我拍帅一点。

——郑州一劫匪闯民宅抢劫,被抓获后在公安局拍照存档,该嫌犯对着镜头摆pose,并如此要求警察。

这是我的一种良知!

——南京男子刘化军多次猥亵幼女,事后都将她们送回家,在被抓获后他如此解释送女孩回家的原因。

我是卧底警察,我偷车只是为了打进盗窃团伙内部,但是小偷们都不相信我,逼我晚上过来纳投名状,也就是当他们的面去偷一辆助力车,然后才允许我加入团伙。你千万不能声张,坏了我的计划。

——南京一张姓惯偷被抓后镇定地说。

我看了电视剧《红问号》,特想尝试一下电视剧里的事……

——重庆市彭水县15岁农村少年强奸少女,他如此供述。

首先请容许我说声对不起。曾经有一个惯偷被抓住之后，有人问他偷谁的东西最多，他回答说是自己，偷了自己的心。已经发生的事情我们不能再改变什么了，但是我必须为我所做的事负责……

——住在长沙市天心一中教师宿舍的六名女生总丢失内衣裤，2008 年 12 月 8 日她们收到小偷写的道歉信，还留下了邮箱和博客地址，女生们哭笑不得。

我就是个坏学生，还坏到家了……我恨老师，更恨学校、国家、社会……我要发泄，我要复仇，我要杀老师。

——山西一名老师被学生连刺数刀杀害。弑师的学生留下一页“死亡笔记”，自称要用杀老师的行为来唤醒人们对学生的态度，认识社会，认识国家，认识到老师的混蛋，让教育业可以改变。

凡新购买玉兰苑住房的业主将有机会获得一份适合的工作岗位。

——上海一地产商促销推新招：买房送工作。

真实的中国要比你的最糟糕期待好，但与你的最美好期待还有一定距离。

——美国亚洲媒体网一篇文章中引用一位中国学生的话。

不少论者将2008年肇始于美国并波及全球的金融危机与1929年的经济大萧条相提并论。图为1929年，纽约时代广场前排队等待救济的人群。（图/Corbis）

时事·政治

（国际）

作为一个美国人，你一出生就继承了清白无辜的特权。外国人煽动了战争，生产了可卡因，制造了恐怖分子，并引发了各种疾病，而美国人则努力清洗着世界上的肮脏。

——《名流》

你们会对我念念不忘，正如曾对我穷追猛打。

—— 美国总统布什 2008 年 3 月 8 日出席美国著名记者俱乐部晚宴时，伴随美国民歌《家乡青青草》的旋律对记者们唱道。

凭我的判断，布什是美国历史上最差总统当中的一位。

—— 美国前国务卿奥尔布赖特如此评价布什。

我一生都在研究外交政策，但从未见到过如此混乱的世界形势。

—— 奥尔布赖特谈布什政府的外交政策。

多数总统和民众通常认为，总统是历史的塑造者，但实际上，在很大程度上，总统更多的是历史大环境的玩物。

—— 对于如何评价美国总统的功过，历史学家约瑟夫·艾利斯这样认为。

现在看来我们进行的伊拉克战争是比预期的长了点儿，难了点儿，贵了点儿。但是，却是高贵的、必须的和正义的。一些人批评伊战的代价太高，而我认为，这种说法太夸张了。

—— 在伊拉克战争五周年之际，布什进行了高调辩护。

人们有时说不可能有比布什更恶劣的人了，但我们不知道（有没有）。

—— 委内瑞拉总统查韦斯说，如果美国共和党总统候选人麦凯恩当选，两国关系可能会更糟。麦凯恩曾称，为确保伊拉克战争胜利，美军不惜驻军伊拉克 100 年。

在迪士尼游乐场举行黑胡子日；
举办一个秘密布卡内衣秀，以吸引拉丹和他的同伙前往；
告诉黑手党，拉丹是出卖他们老大的“污点证人”；
向那些没有悔罪的恐怖分子提供和女星琳赛·罗翰、“小甜甜”布兰妮在同一戒毒中心接受治疗的项目；
派希拉里和他一起生活，他将在一周内投降。

——美国著名评论家戴夫·温鲍姆在一篇社论中列出了抓捕本·拉丹的25种“方法”以帮助布什总统。以上为其中几种“方法”。

布什总统只给了一个人退路：那就是他本人。

——美国参议院多数党领袖哈里·里德对布什不愿意在2009年1月离任前减少美国在伊拉克的驻军提出批评。

每次去国外，我经常说自己是加拿大人。

——45岁的美国人罗伯特·詹宁斯认为伊拉克战争损害了美国声誉。

千万不能让老奶奶听到。

——派驻阿富汗的美国士兵斯蒂芬·菲利普斯在一次战斗中不小心拨通父母家的电话，战况通过答录机直播了出来。

抓捕本·拉丹不是一场电影，美国也没有超级力量。

——“9·11”事件发生7年后，美国白宫发言人佩里诺如此说。

2008年5月2日至3日，强热带风暴“纳尔吉斯”横扫缅甸，导致13万余人死亡或失踪，受灾人数达2400余万。（图/Rronny Smedts/CFP）

数以千计美国士兵和伊拉克平民死于伊拉克战争，布什必须就他们的死作出解释。

——美国佛蒙特州司法部长竞选人夏洛特·德内说，如果她竞选获胜，会以谋杀罪起诉总统布什。

她让别说，闭嘴。

——布什访问以色列，称以色列总理奥尔默特应该待在权力位置上，赖斯向他递了一张纸条，布什阅读后大声告诉在场者。

听说法院又追着你不放，一天到晚对你穷追不舍。

——在 G8 峰会的午宴上，东道主忘了关掉麦克风，布什对意大利总理贝卢斯科尼说的话被记者听得一清二楚。

通过超声波我们可以看见未出生的婴儿的手指、脚趾以及跳动的心脏，但我们看不到一样东西，那就是：灵魂。

——数以千计的美国反堕胎人士在华盛顿示威抗议 35 年前通过的堕胎合法化法案，布什如此辩解。

回头看来，我本可以使用一种不同的语调，不同的语言风格说话。

——布什承认自己的“西部牛仔”式的政治语言确有不妥之处，他声称自己的很多言论让世界觉得他好战，他因此感到烦恼。

实施这样的行为（刺杀布什）不算是谋杀，它会给民众生活带来变化。我将要杀掉应该被干掉的人。

——美国洛杉矶一男子在与女友通电话时声称要刺杀布什，女友随后报警，该男子被逮捕。

经常有人问我，看到过林肯的灵魂吗？我告诉他们，我不酗酒已经 22 年了。

——2008 年 2 月 12 日是美国林肯总统诞辰 199 周年，布什借机澄清白宫有鬼的传闻。

鉴于我们的总统是个白痴，我们没给他投票！

——一家向法国供货的美国服装公司在法文标签上这样写道。

可能那是杀死伊朗人的一种方式。

—— 有报告显示，尽管美伊两国处于敌对状态，但在布什任职期间，美国对伊朗的出口额增加了 10 倍，其中香烟占据了很大比例。共和党总统候选人麦凯恩如此调侃。

美国人为什么信任奥巴马？他没有信用记录啊。没有信用记录也可以给贷款？

——MSN 的一项调查结果显示，有 72% 的网民期待、支持奥巴马。记者刘天昭博文中如此质疑。

美国选民今天来到选择老人、黑人或女人的三岔路口。与其选一个有经验但争议性大的女人，不如选一个单纯而有理想的黑人；但选一个没有经验的黑人治国又不放心，不如选一个爱国而身经百战的老人。毕竟美国历史上还未曾有过女性总统，也未曾有过黑人总统，却已有过一个成功而令人怀念的老人里根总统。

—— 台湾媒体评论美国大选是“老人、黑人与女人的战争”。

这个黑人接手全国最差的工作了。

—— 美国媒体 *The Onion* 说奥巴马上台后将面对国内外经济及军事方面的严峻考验，“他将要收拾其他人留下的烂摊子了”。

在本届大选中，你会问，谁的手指将掌控美国核按钮？（可以肯定）到 2009 年 1 月份，不论谁赢，它依然掌控在一只左手中。

—— 美国民主党总统候选人奥巴马和共和党总统候选人麦凯恩被曝都是左撇子，《泰晤士报》记者、同样也是一名左撇子的汤姆·鲍德温如此写道。

奥巴马并不是一位富有远见的人，更不用说是运动领袖。他成为了民主党的提名人，然后又赢得大选，因为他是一个熟练的政治家。我们需要用一些抗议活动让他更快成熟起来。

—— 美国《国家》杂志文章认为。

大多数在收容所里的狗和我一样是混血的。

—— 奥巴马说搬进白宫后的其中一件大事是从收容所领养小狗做宠物。

我们须确保它不会害怕巨响，因为它有可能听到办公室传出的争吵声。它也不能害怕蓄大胡子、戴头巾等外观各异的人，因为它将与很多外来的达官贵人碰面。

—— 驯犬师塔马尔·盖勒认为奥巴马一家应该选择一只性情温良的搜救犬进入白宫。

蠢材！问题是经济！

—— 奥巴马借用美国前总统克林顿当年参选的这句口号给不擅长经济问题的麦凯恩来个下马威。

当小镇工人空虚失落时，他们只会从枪支或宗教那里寻找安慰。

—— 奥巴马的一次失言。

2008年1月4日，巴基斯坦拉合尔，人们悼念遇袭身亡的前总理、巴基斯坦人民党主席贝·布托。（图/IC）

我认为，如果奥巴马竞选失败，不会因为他是“黑色”，而是因为他是“绿色”——资历尚浅，经验不足。

——美国共和党前主席法伦柯夫在北京对中国媒体如是说。

叛逆者。

——奥巴马在保护他的美国特工口中的代号。

奥巴马是肯尼亚的福祉，对我的钱袋子来说尤其是这样。

——有肯尼亚血统的奥巴马当选为美国总统，肯尼亚 T 恤设计者 Tony Ndolo 趁机大发其财，他说印有奥巴马头像的 T 恤在肯尼亚供不应求。

年轻、英俊，而且晒黑得很均匀。

——意大利总理贝卢斯科尼如此评论奥巴马，招致骂声一片，他反驳说批评他的人“缺乏幽默感”。

阿诺训练营能让参加者成为大块头，这就是为什么我希望邀请奥巴马也来参加。因为他需要为他那细瘦的腿做点什么，我想他需要一些深蹲。我们还会让他多锻炼肱二头肌，因为他的胳膊实在可以用骨瘦如柴来形容。

——美国加州州长阿诺·施瓦辛格在一次集会上对奥巴马的体型大加嘲笑。

主啊，请保护我的家庭和我自己。请宽恕我的罪过，帮我战胜骄纵和绝望。请给我智慧，做正确和正义的事情。

——奥巴马在以色列访问时在哭墙中塞入的祷告词如此写道。以色列《晚报》将其曝光。

克林顿总统曾经有机会抓住本·拉丹，布什总统也曾有机会抓住拉丹。我知道该如何去做，并将尽力去做。我非常清楚，我拥有相关的知识、背景和经历来作出正确的判断，但参议员奥巴马却不能。

——美国总统候选人麦凯恩在接受媒体专访时说。

不管哪个年轻小伙子（和我女儿）约会，我们都会派一名不苟言笑的特工保护。

——奥巴马在一次野餐会上戏称，竞选总统的真正目的是使女儿获得特工帮助，远离不中意的求婚者。

我是班上第二腼腆的学生，他是班上第一腼腆的学生……

——谷歌全球副总裁、大中华区总裁李开复透露，他在纽约哥伦比亚大学选修国际关系专业时，曾和奥巴马同班，这是他对奥巴马的印象。

我们希望能将时钟倒拨，但办不到。

——美国纽约州数百张选票错把奥巴马（Obama）的名字印成乌萨马（Osama），即“基地”头目本·拉丹的名字。美国民主党代表爱德华·麦克多诺为此失误感到羞愧。

有些人说：选我吧，我更了解政治游戏。我说：选我吧，我将改变这个游戏！

——奥巴马的竞选口号之一。《纽约时报》比喻说，奥巴马像代表年轻、时尚的iMac，希拉里则是代表传统的PC。

对于希拉里，问题是选民能为她做什么；而对于奥巴马，问题是他能为选民做什么。

——《纽约时报》如是评论。

每当我们执行一项决定时，我们总是会说："这件事有没有征询过最高法院的意见？"

——《白宫中的克林顿夫妇》一书披露，白宫职员们给希拉里取了个"最高法院"的绰号，因为克林顿的许多决定，都必须经过希拉里的批准才能实行。曾任白宫新闻秘书的梅耶斯回忆说。

女士们先生们，下午好！欢迎大家乘坐"希军一号"的首航航班。我是希拉里，对于你们的登机感到十分高兴。联邦飞行管理条例禁止使用手机、黑莓手机和其他无线设备来报道有关我的负面新闻。如果发生民意调查支持率意外下降的"险情"，本次航班将转而飞往新罕布什尔州。

——希拉里在竞选专机上模仿空中小姐的口吻宣读机舱规则。让希拉里反败为胜的新罕布什尔州是她的福地。

在那一刻，她看上去更像个女人，她动了情，人们第一次觉察到了这个女人的感情。即使在克林顿性丑闻闹得最凶的时候，我们也没有机会看到她动情。

——在新罕布什尔州的总统初选中，民调支持率原本落后奥巴马十多个百分点的希拉里反败为胜。人们普遍认为，希拉里同选民会面时几度哽咽、热泪盈眶的"眼泪牌"发挥了作用。

她现在还有什么理由要与他继续在一起？一切都结束了。

——希拉里败选后被曝婚姻出现危机，她的一名下属如此评论。

当我们今天在这里集会的时候，第 50 位女性宇航员正在我们的头顶绕地球飞行。如果我们能够将 50 个女性宇航员送入太空，那么总有一天，我们也会将一个女性送入白宫。

——希拉里在退选演说中说。

2008年6月5日，韩国首尔，市民抗议政府进口美国牛肉。（图/IC）

如果你当上国务卿，你是为总统工作；如果你还是参议员，你是为自己、还有选民而工作。

——奥巴马拟任命希拉里为新政府的国务卿前，有人向希拉里如此建议。

我认为是好兆头，我们将像火凤凰般从灰烬中重生。

——希拉里的一个竞选办公室发生火灾，克林顿如此圆场。

坦白地说，我非常期待，因为我实在无法想象比尔·克林顿回到白宫后无所事事。

——被问及如何应对克林顿夫妇组成的团队所带来的竞争时，共和党总统竞选人罗姆尼讽刺道。

爱德华兹说，我最大的缺点就是太想去帮助穷人；希拉里说，我最大的缺点就是迫不及待地想改变美国。

——被问及自己最大的缺点是什么时，奥巴马的回答是桌子太乱，相比之下，同为美国民主党总统竞选人的爱德华兹和希拉里的回答则太假。

美国总统选战进入政治禁区，手段也变得不入流。

——美国共和党总统候选人麦凯恩阵营投放广告把奥巴马和“小甜甜”布兰妮以及帕丽斯·希尔顿这些流行偶像相提并论，奥巴马阵营则反唇相讥。美联社记者史蒂文·赫斯特如此评论。

我想，我得让工作人员告诉你。

——当被问及拥有多少处房产时，共和党总统候选人麦凯恩如此回答。这让人联想到，当被要求定义“富裕”一词时，麦凯恩的回答是“500万美元”，而奥巴马是“25万美元”。

我们有很多共同之处,因为从我家也能看到比利时。

—— 加拿大喜剧演员马克 - 安托万·奥代特冒充法国总统萨科齐给美国共和党副总统候选人佩林打电话,取笑佩林说过的“在阿拉斯加都能看到俄罗斯”的说法。

你可以为猪涂上口红,但它仍然是一只猪。

—— 美国共和党副总统候选人、前阿拉斯加州州长佩林称自己与斗牛犬之间的差别在于口红,民主党总统候选人奥巴马则如此回应。

她管理农业部门的资历是,她在童年时代喜欢母牛。

——《纽约时报》文章称共和党副总统候选人佩林在阿拉斯加州长任上任人唯亲,以上是她任命高中女同学担任该州农业部门高官的理由。

我还以为 U2 是一架飞机。

—— 美国国防部长罗伯特·盖茨在会见为反贫穷奔忙的 U2 乐队主唱博诺前,根本不知 U2 为何物。

邪恶占上风的必要条件,就是好人全都袖手旁观。

—— 美国佛罗里达州议会为实行过奴隶制正式道歉,佛州州长查理·克里斯引用学者爱德蒙·伯克的话作出评述。

钢盔几年前不就是个铁帽子嘛。

—— 美国陆军为赴阿富汗的士兵分发配备了检测器的高技术钢盔,这种钢盔可以搜集炸弹爆炸对人脑部将造成何种影响的数据,用以研发更安全的钢盔。准将马克·布朗这样评价。

不在乎电话是“热线”还是“冷线”，关键在脑子，如果脑子里还有冷战，这样的“热线”也不会发挥作用。

——中国外交部发言人秦刚在例行记者会上，如此置评中美军事热线。

世界正处在危险之中，那些曾看不见摸不着的恶魔已经出笼。

——2008 年度诺贝尔经济学奖得主保罗·克鲁格曼坦言金融危机持续的时间可能较长。

最糟糕的时刻尚未到来。

——国际货币基金组织首席经济学家布兰查德警告说，全球金融危机还将恶化，在 2010 年之前情况都不会好转。

目前的世界经济被 3F 劫持了。

——法国财政部长克里斯蒂娜·拉加德在出席八国集团财长会议时说。所谓“3F”，指金融（Finance）、燃料（Fuel）和粮食（Food）。

三个太阳照耀天空，我长久凝视它们，三个太阳顽强地高悬，好似不肯离我而去。

——欧洲央行行长特里谢引用诗句形容欧盟三大经济难题：过高的油价、被高估的欧元和萧条的银行。

2008 年的美国经济就像是一只站在发烫的锡皮屋顶上的猫一样，九条命已经丢了八条。

——美国《时代》周刊网站如是说。

黎巴嫩南部的Sidon海边，足足有20米高的垃圾山。以进步和发展为幌子，人类总是过度开采资源而忘记了敬畏自然。（图/Jamal Saidi）

美国经济就像一个人的身体，金融业是心脏，资金是血液，实体经济是身体其他器官。金融业遭到重创如同一个人得了心脏病，心脏供血能力受到影响，继而可能引发其他器官的不适甚至病痛。

——联合国全球经济监测部主任洪平凡如此比喻金融危机对美国经济的影响。

那些把生命建筑在物质上的人就像是把房子建立在沙子上。只有神的话才是所有现实的基础。

——教皇本笃十六世如此评论全球金融危机。

人们来此诉苦，称受到的精神冲击不亚于“9·11”恐怖袭击。

——美国纽约金融区的牧师马龙表示，金融危机爆发以来，心理咨询中心的服务供不应求。

美国已发展了一种能够消灭人但却让建筑物完好无损的新式武器，这种武器就叫股市。

——美国全国广播公司（ABC）晚间脱口秀主持人杰伊·莱诺拿不景气的美国股市打趣。

现在的华尔街几乎成为了时代广场，游客、记者无处不在，到处都是好奇的人，他们都想看看华尔街现在究竟是什么样子。

——处于金融危机风暴眼的华尔街，在从业人员忙着逃离的同时，也成了纽约的新景点。

布什同志开始走向社会主义。

——困境中的美国成为反美人士嘲笑的对象，委内瑞拉总统查韦斯批评美国政府的救市计划。他说，如果金融危机在委内瑞拉发生，“我不会给银行一分钱”。

我们现在都是中国人了。换句话说，我们名义上实行的是资本主义经济，但当危机来临时，我们却不信任自由的私营市场。因此我们转而向政府寻求保护和稳定。

——戴维·伊格内修斯在为《华盛顿邮报》撰写的文章中说。

人们说美国打个喷嚏，欧洲就感冒，亚洲就得肺炎，而非洲的肺结核就更严重了。

——肯尼亚总理奥廷加谈美国金融危机的影响。

当前的经济衰退首次让人们见到：当美国打喷嚏的时候，亚洲也不会感冒。

——新加坡内阁资政李光耀在《福布斯》杂志亚洲版上发表专栏文章指出。

社会主义的幽灵回来了，在拉丁美洲游荡。

——委内瑞拉总统查韦斯在加拉加斯“南方对世界经济危机的回答”论坛上如此说。

老师有时也会犯错误。

——中国银监会主席刘明康参加达沃斯论坛时如此评价美国的金融危机。

在不到一个星期的时间里，我们已经正式地跨越了从资本主义到社会主义的红线。

——德意志银行前高管罗杰·依伦伯格评论美国政府对金融危机的反应。

让所有人分担由少数人无尽贪婪带来的负担，这我们可不允许。

——巴西总统路易斯·达席尔瓦指出，如今威胁全球经济的次贷危机是华尔街无节制的贪欲所致。

眼下连银行家和经理也在读《资本论》，试图了解他们都对我们做了什么。现在马克思绝对"流行"。

——德国一家大型出版社负责人说。金融危机的不断蔓延让德国人重新认识到资本主义经济制度的弊端。

巴基斯坦不会破产，它不是一家有限公司。

——巴基斯坦总统扎尔达里在宣布启动金额为340亿巴基斯坦卢比（约人民币29亿元）的支持项目以应对经济危机时称。

现金不如劳力士。

——由于受金融危机影响，冰岛国家面临破产，冰岛克朗大幅贬值，冰岛民众只好用自己的积蓄去买劳力士手表等奢侈品以求保值。

（金融危机）让冰岛人意识到，是工业而不是金融业在创造真正的价值。

——金融危机当前，一些冰岛人重新把目光投向了捕鱼这一传统行业。

我们打算对冰岛当局采取法律行动，以此表明我们与英国储户站在一起。

——冰岛政府接手陷入困境的第二大银行Landsbanki并停止取款业务，急坏英国近30万储户。英国首相布朗说。

总统或者各内阁部长接受加薪，似乎有些不恰当。

——智利总统巴切莱特表示自己和内阁成员不准备接受给公职人员加的10%薪水，呼吁政府官员在经济危机背景下勤俭节约共渡难关。

2008年9月6日，巴基斯坦首都伊斯兰堡，支持者庆祝巴基斯坦人民党联合主席扎尔达里当选为新总统。（图/CFP）

到2050年，第一位是中国，第二位是印度，第三位是美国，第四位是印度尼西亚，第五位是日本，此后依次是德国、英国、法国、俄罗斯和越南。

——世界银行前行长詹姆斯·沃尔芬森2008年5月30日在莫斯科举行的关于经济全球化的一个国际研讨会上，预测未来经济发达国家的排名。

中国是美国穷人的好朋友。

——《南华早报》文章认为便宜的中国商品有助于美国的穷人和收入较低的中产阶级维持一定的生活水平。

为了追求美国梦，所以我要被征收更多的税。

——这句牢骚使俄亥俄州托莱多市的水管工乔·沃泽尔巴彻一夜成名，成了美国工人阶层的代言人。

这反映出美国对本国目前经济现状的一种担忧。

——美国盖洛普民调显示，中国已取代朝鲜成为继伊朗和伊拉克之后美国人心中的第三大敌人。中国社会科学院美国问题专家倪峰如此分析。

中国唯独不缺钱。

——原定2009年德国联邦发展援助部给中国的4700万欧元发展援助款不再纳入德联邦预算，德国自民党经济合作问题发言人赫尔穆特·科尼希豪斯表示欢迎这一措施。

中国梦已取代美国梦。

——英国《泰晤士报》载文认为，在中国到处可见昔日让美国成为世界强国的精神力量，而这个力量在美国已经衰落。

他们把肥肉吃完了，现在我们只是想喝一杯残羹而已，可是羹还没喝到口，他们就开始说我们是在犯罪。这是不公平的。

——中国非洲事务特别代表刘贵今称，和欧美国家相比，中国在非洲获得的石油资源其实微不足道。

你拿别人的钱去冒险，为你自己挣了这么多钱？

——美国众议院监督和政府改革委员会主席亨利·维克斯曼对申请破产保护的雷曼兄弟公司首席执行官理查德·富尔德2000年至2008年间获得3.5亿美元酬劳表示愤怒。

坦率地说，看了富尔德在国会的听证后，我也很想扁他一顿。他太无耻了，简直是令人发指。他责怪每一个人，唯独没有责备自己。

——宣布破产的雷曼兄弟公司前首席执行官理查德·富尔德在健身房被打，一位叫沃德的目击证人说。

你们的支持率比我们还要低，这说明，你们是低中之低。

——美国国会众议院举行听证会，质询埃克森美孚、壳牌石油、英国石油、雪佛龙石油和康菲五家美国大型石油公司的高管。众议员克利弗如此告诉他们。

十年来拉丁美洲第一次有经济体的表现超过了富裕国家。

——世界银行经济学家奥古斯托·德拉托雷说。美国经济下滑，而拉美很多国家的经济形势则持续看好，有报告显示，从拉美地区前往美国的移民人数出现了下降趋势，移民从美国寄回拉美的资金也有所减少。

这是一场无声的大规模谋杀。

——联合国食物权问题特别报告员让·齐格勒如此评价全球粮食价格上涨。

如果领导人一边高谈阔论全球饥荒问题，一边享用美味珍馐，那看上去可不怎么合适。

——联合国粮农组织一官员表示，在意大利举行的世界粮食安全高级别会议上与会领导人要吃“粗茶淡饭”。

开胃前菜是鱼子酱、烟熏鲑鱼、海胆、洋葱酥、百合……接着上桌的是日本绒螯蟹汤，主菜是以牛奶喂养的小羊排配黑松露、松子油酱汁等。

——新加坡联合早报网主编郑维撰文称，G8少开十几次会，非洲人就能吃饱。

这些地方不是处在悬崖的边缘，它们已经在悬崖下面了。

——哥伦比亚大学教授、联合国观察员杰弗里·萨克斯说，非洲一些地区粮食危机非常突出。

到2050年，哈珀（加拿大总理）将是91岁，布什104岁，福田114岁。

——G8领导人同意在2050年前将温室气体排放量减半，但美国非政府组织成员本·威克勒表示不抱希望。

太多的时候，我们需要水，却找到了枪。

——联合国秘书长潘基文敦促世界各国把水资源紧缺问题放在2008年全球议事日程的首位。

当我会见发展中国家代表时，人们的第一个反应是：你为什么不去谴责关塔那摩？会见美国人时，美国人则说，为什么不去谴责缅甸？

——联合国人权事务高级专员路易斯·阿伯离任前回顾自己的工作。

小说中的希斯克利夫年幼无知，而我却是一个更成熟、更智慧的希斯克利夫。

——英国首相布朗自比《呼啸山庄》中命运多舛的主人公，遭到嘲笑，被质疑是否真正读过勃朗特的这部小说。

2008年3月11日，巴西亚马孙河腹地的马瑙斯，一个土著妇女怀抱孩子与警察对抗。她和其他200名反抗政府征地的“失地者运动”成员试图通过使用弓箭来反抗，但警察最后还是用催泪弹和警犬将他们驱逐了出去。（图/Luiz Vasconcelo）

当你是个失败者，你只有一个选择，要么倒下死去，要么就站出来带着激情和决心去战斗，这样才能激励你的同伴，动摇对手的信心。

——英国卫生大臣伊万·路易斯警告首相布朗，如果想保全其摇摇欲坠的首相职位，必须不再羞涩，而显示强大的领导能力。

政府从来不会沉湎于不必要的空中旅行，但是任何人也不要试图暗示可以只靠电话就能实现英国的利益。

——据统计，英国政府各部和主要公共机构官员 2007 年的航空里程高达 4.8 亿公里，相当于前往月球 1280 次，环球旅行 1.2 万次。英国内阁办公室发言人如此辩解。

政府收藏的艺术品有许多军事题材画作，国防部不花一文就能得到，它却选择花大钱买抽象画，那些画可给不了军人和军属什么直接好处。

——英国国防部以重金购来抽象派画作装饰办公室，陆军前总参谋长迈克·杰克逊如此批评。

电脑，数据，现在又轮到奶牛了。这个政府还能有什么东西不丢吗?

——继发生一连串个人资料失窃（其中包括英国皇家空军全部成员及 5000 名司法人员）、内阁大臣电脑失窃等乌龙事件后，英国环境、食品和乡村事务部又被曝丢失了两万多头奶牛，一英国政府官员对此表示震惊。

就像恐怖电影的剧情那样，存在一个逃生出口，但逃生并不容易。

——英国一家知名经济智库发布报告如此形容英国如今的经济形势。

在有些人眼里，它意味着权威，但在大多数律师看来，只会令头皮发痒。

—— 两年前，英国律师约翰·鲍尔温站在伦敦皇家法院第62法庭上，手里拿着出庭时必须佩戴的灰白色烫卷假发，如此喊道。自2008年10月始，除了审理刑事诉讼案件的法官之外，英国大多数法官和律师在法庭上可以不再佩戴假发。

比起帮助被困受害者，照顾好自己更要紧。

——针对伦敦频繁的暴力犯罪，伦敦市长鲍里斯·约翰逊发出消极警告，如果看见有人遇到麻烦，最好立即走开。

如果同性恋者可以结婚，那三个男人和一只狗也同样可以过婚姻生活。

——伦敦市长、保守党人鲍里斯·约翰逊的口无遮拦让该党领袖头痛，他曾发表过这样的言论。

如果你的祖父和父亲从来都未曾工作过，你怎么可能会认为工作是一种正常的事情呢？

——负责健康与工作的英国国家顾问达梅·卡罗尔·布莱克认为，英国社会盛行一种“救济金文化”。

大规模干扰武器。

—— 英国内政大臣雅克·史密斯出席众议院会议时的着装得到这一称号。女性政治人物的穿着一直是外界津津乐道的话题，德国总理默克尔的低胸爆乳装也一度引起热烈关注。

在我担任总理期间，我们总把中国当作伙伴给予支持，不以教训和让中国出丑为目的，而是作为两个主权国家相互帮助。

—— 德国前总统施罗德在德国《时代》周报撰文《我们应对这个国家致以敬重》，批评默克尔错失借奥运与中国修好的良机。

如今中国领导人毫不掩饰地将法国看作是一只"纸老虎"。

——法国《世界报》文章称，总统萨科齐在就奥运问题与中国的对弈中表现糟糕，可能满盘皆输。

就连亨利八世的鬼魂可能都在向她吹口哨。

——法国总统萨科齐偕同妻子布吕尼访问英国，布吕尼抢尽了老公的风头，英国《每日邮报》如此评论。

英法关系不是一夜情，是那种第二天可以共进早餐的长期关系。

——萨科齐访问英国，呼吁建立法英新型"兄弟关系"，他在记者会上如此描述这种关系。

勿先开口向女王说话，勿问她个人问题，勿碰触她，勿走在她之前，勿在她面前吸烟，勿投诉。

——法国《巴黎人报》"忠告"访英的萨科齐。

就算你是法国总统，但做总统不意味着你要成为一个逆来顺受的受气包。

——萨科齐在一个农产品展销会上和群众握手时遭到一名男子的拒绝，两人在街头对骂。萨科齐在接受采访时拒绝道歉并给出了自己的理由。

在萨科齐身上，缺乏一种所有总统都具有的品牌标志：威仪。

——瑞士报纸《24小时》评论说。

你是我的毒品，你比阿富汗的海洛因更加致命，你比哥伦比亚的白粉（可卡因）更加危险。

——法国第一夫人布吕尼在新专辑《好像什么也没发生过》中收入的《我的毒品》的歌词，引发哥伦比亚抗议。

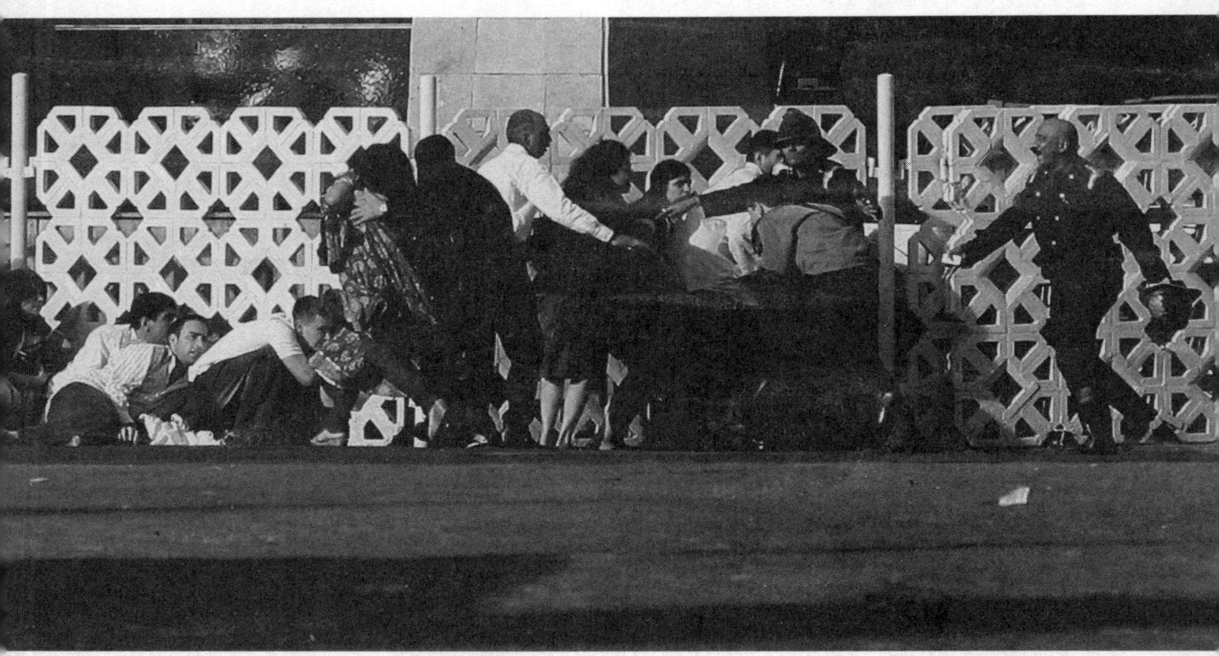

2008年11月27日，印度孟买，人们惊惶躲避从泰姬玛哈大酒店射出的枪弹。11月26晚至27日凌晨，孟买发生连环恐怖袭击事件，恐怖分子在包括火车站、泰姬玛哈大酒店等著名建筑发动袭击，造成数百人伤亡。（图/Punit Paranjpe）

俄罗斯有时近东方，有时近西方，但俄罗斯就是俄罗斯。

——梅德韦杰夫的一句名言。不过，这位俄罗斯总统刚一上任，就对东方的哈萨克斯坦和中国进行国事访问。

意识形态我们已经吃得太多了，已经吃到了脖子位置。

——梅德韦杰夫表示，俄罗斯准备与任何国家建立“务实的关系”，不再以意识形态进行划分。

因为他和普京是好兄弟啊，我们都爱普京！

——莫斯科出租车司机安德烈投票给梅德韦杰夫的理由。

这个人就是昨晚希拉里叫他梅拉梅拉梅拉那个人！

——俄罗斯新领导人梅德韦杰夫名字的发音考倒了美国民主党总统竞选人希拉里和奥巴马。

整整 8 年了，我像奴隶一样从早到晚地劳作，我付出了自己的全部精力。我满意自己的工作！

——普京在离任前的最后一次记者招待会上，这样评价自己的 8 年总统生涯。

腐败在我们国家已经成为相当多人的生活方式。

——梅德韦杰夫在联邦委员会（议会上院）会议上发表讲话说。

请不要再“梦魇”那些生意人。

——梅德韦杰夫在一次讲话中要求司法机关工作者不要找生意人麻烦搞突袭检查，他发明的新词“梦魇”迅速流行。

俄罗斯如今已经成为一个靠石油美元为生的国家，有一个基本上是由克格勃统治的政府。我注视普京先生的眼睛，看见了三个字母——一个 K，一个 G，一个 B。

—— 美国共和党总统候选人麦凯恩宣称俄罗斯有一个“克格勃（KGB）统治的”政府，指责他的对手奥巴马在俄格冲突问题上表现幼稚。

感觉不是国家机构，而是嘉年华。花里胡哨的服装让人无法集中精力办公。

—— 俄罗斯国家杜马副主席日里诺夫斯基批评一些女议员的穿着。

我们不能做袖手旁观的人，不能做等待他人帮助的游手好闲的人，不能做不体谅他人的自私自利的人。

—— 朝鲜领导人金正日过 66 岁生日，一名朝鲜官员表示，所有对金正日生日活动的忙碌，都是为了表明社会的团结和人民对他的忠诚。

朝鲜军队和人民把最高领袖的声望看得比自己的生命还要重，不容许对他的任何诽谤。

—— 朝鲜中央通讯社驳斥关于金正日病情的猜测。

我永远不会忘记，全世界的光荣都只是一粒玉米粒。

—— 古巴领导人菲德尔·卡斯特罗宣布不再继续担任古巴最高领导人，这是他在致古巴人民的公开信中说的。

资本主义是一切病毒的制造者。黑手党是资本主义社会制造的。

——卡斯特罗在《我的一生》一书中说。

改变、改变、改变，他们众口一词。改变，这一点我同意，但需要改变的是美国。

——卡斯特罗在古巴共产党机关报《格拉玛报》上发表文章，就美国总统布什和一些总统竞选人对古巴的言论作出反击。

如同失去了父亲，又或是一段漫长的婚姻走到了尽头。

——许多古巴人获知卡斯特罗退休的消息后泪流满面。一名博物馆看门人如是说。

假如（受刺杀次数多少）是奥运会项目的话，我肯定夺得金牌。

——在卡斯特罗执政的 49 年间，他一共遭遇了 634 次暗杀。

大豆和大炮一样重要，甚至更重要。

——古巴新领导人、菲德尔·卡斯特罗的弟弟劳尔·卡斯特罗的一句名言。

卡扎菲的身世一直是个谜，唯一解决办法是做 DNA 测试，但有谁敢叫卡扎菲去做呢？

——英国《星期日泰晤士报》有报道称，利比亚领导人卡扎菲的父亲是法国战争英雄普雷齐奥西，但该说法遭到专家的质疑。

这顿早餐的开销过于巨大。

——利比亚领导人卡扎菲邀请时任俄罗斯总统的普京在官邸共进早餐，其间两国达成协议，俄罗斯免除了利比亚 45 亿美元债务。有俄罗斯媒体如此戏言。

2008年10月4日，美国伊利诺伊州纽黑文，一架正在作业的抽油机。世界经济进入衰退时期，国际油价频繁波动。（图/Scott Olson/CFP）

所有东西都在，甚至连油盐酱醋都还在厨房里。

——前南斯拉夫领导人铁托乘坐过的豪华专列车厢即将出售，塞尔维亚国防部的贝拉·霍瓦特中校如此介绍。

他这不是在绝食，只不过是在遵照特别的饮食方法，卡拉季奇相信这种方法可以使他活到至少120岁。

——前波黑塞族领导人卡拉季奇被捕后在狱中“绝食”，他的律师为他的行为辩解。

我们干掉了一个萨达姆，如今我们却有了50个萨达姆。

——曾和数十名伊拉克人一道拉倒萨达姆雕像的易卜拉欣·哈利勒如此告诉法新社。

伊拉克对最后一名外国士兵撤离伊拉克的那天已经等得不耐烦了。

——2008年7月8日伊拉克国家安全顾问鲁巴伊发表这一措辞强硬的言论，表示美伊之间达成的任何安全协议内容必须包括确切的美军撤离时间，否则伊方不会接受。

为了保护医生的人身安全，决定为他们配发一件武器。

——多年来，伊拉克的医生时常遭到匪徒的绑架，伊拉克政府正式发表声明表示。

他们平均年龄22岁，单身，无儿无女，在庞大而贫穷的家族中，没受过太多教育的他们是不起眼的一群，而他们选择这条道路，为的就是要出人头地。

——美联社根据美国军方一项调查，为在伊拉克实施自杀爆炸的“人弹”画像。

所有人都必须明白，伊朗是世界强国。今天，伊朗的名字意味着对强权国家牙齿的重重一击，并让他们安守本分。

——伊朗总统内贾德向两伊战争阵亡者家属发表的讲演中称。

他们不仅是伊斯兰的敌人，他们是所有人类的敌人。

——内贾德在达喀尔参加伊斯兰组织高峰会时这样抨击美国。

世界大国创造了一个名为犹太复国主义者政权的黑色和肮脏的微生物，并放任这个凶狠的动物攻击地区国家。

——内贾德说。

内贾德是上帝送给我们最好的礼物，即使摩萨德策划的行动再完美，对于以色列的国家利益来说，也无法与内贾德担任伊朗总统相比拟。

——以色列情报机构摩萨德前负责人易拉艾姆·哈勒维说，内贾德的极端反以言论对以色列有利。

像野火一样蔓延。

——阿富汗总统卡尔扎伊透露，恐怖分子势力在巴基斯坦扎根更深。他还呼吁南亚国家不要再玩地缘政治的游戏了。

如果美国希望自己免于恐怖主义，我们也希望我们的村庄和城镇不受到轰炸。

——巴基斯坦新政府领导人之一谢里夫直截了当对到访的美国常务副国务卿内格罗蓬特表示，巴基斯坦不愿再成为杀人战场。

我能客观认识自己。我不像你。

—— 福田康夫宣布辞去首相职务，有记者批评他没有全心全意扑在首相工作上，福田如此回击。“我不像你”随即在日本成为流行语，56 岁的公务员福田博之说，“我有时都想对一些人说‘我不像你’”。

任何事情都有顺序。在柿子成熟落地之前必须有所等待，过早摘下会太涩没法吃。

—— 日本自民党前干事长麻生太郎成为日本首相前，众院议院运营委员长骨川尧给他泼冷水。

为什么那些整天吃吃喝喝无所事事的患者的医疗费由我来承担呢？

—— 日本首相麻生太郎指责老年人易患疾病，以致医疗费用高涨。此前麻生因拿老年痴呆症患者开玩笑而被迫道歉，日本内阁官房长官河村建夫为麻生的一再失言辩解说“首相性格如此”。

死刑囚犯也有人格。侮辱我没关系，但这对受刑人而言也是一种侮辱。

—— 日本法务大臣鸠山邦夫因任内下令执行 13 名死囚的死刑，被媒体称为“死神”。鸠山在记者会上拍桌如此抗议。

令人不可思议的事情发生了，牺牲者可能超过五万人的四川大地震中，随着日本的救援队首先进入灾区，中国的网络上充满了“谢谢，日本！”的声音。

—— 日本媒体用“派遣救援队和捐款，中国对日情绪骤然变暖”来形容这个奇妙的变化。

如果仆人比主人起得晚，那这名仆人就不合格了。

—— 韩国总统李明博每天早上 7 点 30 分开始工作。

2008年3月，阿富汗喀布尔的一个甘蔗摊。（图/IC）

打高尔夫是不错……但由于物价不稳定，经济形势没有好转，总统认为他们需要考虑公众的情绪。

——韩国总统办公室官员说。总统李明博要求官员至少在中秋节前把高尔夫球棍暂放一边。

在韩国，有钱人经常吃本国牛肉，而一般收入的家庭平时大多吃猪肉或者鸡肉，只有长辈的生日或者办喜酒的时候才能吃一次韩国牛肉。对那些经济相对比较拮据的家庭来说，韩国牛肉只是梦想。

——韩国民众集会抗议韩国向美国开放牛肉市场，但韩国主妇们大多保持沉默。主妇金南喜如是说。

韩国经济的声誉正在迅速恶化。

——韩国总理韩升洙表示，反对进口美国牛肉的暴力活动打击了外国投资者的信心。

年轻恋人把示威当成浪漫的散步。还有些示威者带着咖啡，谁需要就倒给谁。高中生向防暴警察发放玫瑰花。有些示威者带来露天电影放映机，播放美国纪录片《精神病人》。

——香港亚洲时报在线的一篇报道如此描述韩国民众针对牛肉问题展开的反政府示威活动。

我国社会像对待进口物品一样对待外国女性的不成熟现象，导致了混乱局面的发生。

——19 岁的越南新娘被韩国丈夫杀死，审判长金相俊如此说。

尽量享受天伦之乐吧，在你能够的时候。

——英国记者披露巴基斯坦前总理贝·布托遇难不久前还如此感叹过。

我母亲总是说，民主是最好的复仇。

——贝·布托遇刺身亡，她 19 岁的儿子比拉瓦尔·布托·扎尔达里接任巴基斯坦人民党主席。

请不要刺杀比拉瓦尔·布托，好吗？因为他很帅。

——贝·布托的儿子比拉瓦尔接过母亲的党主席职务，使他在网络上名声大振。一个女网民为他组建了粉丝团，这是粉丝团的宣言。

这已经成了一门家族生意，就像古董店那样一代传一代。

——贝·布托的侄女、与她素来政见不合的法蒂玛·布托认为，巴基斯坦人民党推选贝·布托的儿子比拉瓦尔出任党主席不利于国家民主进程。

15 年前中国第一次要求从沙特进口石油的时候，我们就回答说，你们需要多少，我们就给多少。

——沙特石油和矿产大臣纳伊米表示，沙特向中国出口石油方面的政策与 15 年前没什么变化。

南非一些富人可以与尚未摆脱贫困的不幸之人分享财富。

——南非前总统曼德拉在庆祝 90 岁生日时，对世界如此寄语。

71 岁半，5 个孩子，3 个电视台，几十亿欧元资产，各种别墅尽收囊中……他比普京更富有，比萨科齐少了些心脏的问题。这就是贝卢斯科尼，新总理，也是一个老总理。

——意大利《晚邮报》如此描述再次当选总理的贝卢斯科尼。

意大利政府和反对党如今已经包容在一个家庭中!

——意大利总理贝卢斯科尼 24 岁的女儿芭芭拉多次公开批评父亲政见，对此有媒体评论说。

我呼吁意大利人参加全民公决，支持开放妓院。事实上，我们的街道早已变成了光天化日之下的妓院。

——达尼埃拉·桑塔科领导的女权组织委员会提议，举行全民公决重审禁止卖淫的法案。

他虽然坐到了后座上，但仍然掌控着车子。

——泰国前总理他信结束 17 个月的流亡生活回到泰国，有人担心他这么做是为重新夺取政权而精心筹划的一步棋。

眼下令人头疼的政局由火星靠近土星造成，等火星远离，局势就会缓解。

——由于石油涨价和通货膨胀，越来越多的泰国民众走上街头抗议政府。他信如此评论。

如果我去协助政府，我制造的问题可能比解决的还多。

——他信婉拒担任泰国新政府经济顾问的邀请。

现在的问题是，几百部手机共用一个 IMEI 号（国际移动设备识别码），情报机构根本就无法定位。

——巴基斯坦电信管理局执行部主任亚瓦·亚分说，中国产的“山寨手机”几百、上千部共用一个 IMEI 号，造成反恐隐忧。在巴基斯坦，“山寨机”和杂牌手机已成为中低收入人群的重要选择。

2008年3月10日，美国纽约州州长斯皮策卷入嫖妓事件，各路媒体聚集在纽约市政大厅前等候当事人斯皮策。（图/Daniel Barry/CFP）

他们问，“你从哪儿来？”他回答说“意大利”，他们说“好”，就没再管他。

—— 2008 年 11 月 26 日亲历印度孟买恐怖袭击事件的英国公民亚历克斯 · 张伯伦告诉记者，他亲眼看到持枪歹徒“专找英国人和美国人”。

在晚礼服下穿的是什么内衣？

—— 芬兰外长卡内尔瓦发送淫秽手机短信给脱衣舞娘，丑闻曝光后，他成为芬兰历史上第一位因私生活丑闻被迫下台的外长。

你应该知道，我会杀了你，你不会活着离开！

—— 阿尔巴尼亚总理萨利 · 贝里沙因卫生部长人选问题与一议员发生争执，情绪失控威胁对方，结果被直播出来。

手提电脑太让人分心了。

—— 不丹议会长尼玛泽仁宣布，禁止议员们携带手提电脑进入议会，因为担心他们开会时玩电子游戏。

像一个顺从的女人。

—— 瑞士外交部长米舍利娜 · 卡米尔 · 雷伊在德黑兰会见伊朗总统内贾德时围了一条头巾引起争议，瑞士一家报纸如此批评。

金发女郎不仅仅指的是头发颜色，它还指你的大脑和内心。金发女郎总是以更活跃的方式面对生活，她们的生活总是充满了乐趣。

—— 俄罗斯组建“金发女郎党”，其总书记沃洛希诺娃本人却是一名黑发女郎。

谁不会幻想自己在《24》中的反恐小组指挥中心工作呢？但我不穿制服，办公室也不是在地下，我也不是戴着耳塞到处走，我的车上也没有警灯，堵车的时候我也得在车里干等，这一点相当不公平。

——以色列情报局“辛贝特”委派四名资深成员在互联网上开设博客，以褪下该组织的神秘光环。

我们有一个打人的部长也就够了，可别再多出一个咬人的议长。

——乌克兰议员涅斯托尔·舒弗里奇与议长阿尔谢尼·亚岑纽克在一次讨论加入北约等事项的会议上扭打，后者不小心咬了前者的手。但舒弗里奇声明谁也没咬到自己，只是讨论问题而已。

男人回归家庭不丢脸。

——因召妓丑闻而被迫辞职的美国纽约州前州长斯皮策一度在美国政界有着“好男人”的美誉。

我们欢迎我们的朋友支持我们、鼓励我们，但请不要用枪指着我们的头说什么“必须……否则”，因为这不会奏效的。

——美国国务卿赖斯敦促肯尼亚两派分享权力，肯尼亚外交部长摩西·韦坦古拉如是说。

我觉得海盗比飓风还可怕。

——希腊船长帕纳约蒂斯 2008 年 11 月两次穿越索马里海盗出没的亚丁湾，一路上他都担惊受怕。

我总算是要出名了。

——美国内布拉斯州奥马哈市商场枪击案的凶手霍金斯在遗书中写道。此次枪击案导致包括霍金斯在内的 9 人死亡、4 人受伤。

真的粉丝，敢于直面惨淡的钱包。

—— 专栏作家刘瑜对奥巴马“神奇”筹款能力的评论。其筹款总额中65%来自小于200美元的小额捐款，显示了民主选举的真义：正是千千万万的普通人给民主竞选提供了动力。

我才不要成为受害者。

——美国犹他州州立大学高年级学生尼克如此解释他在去年弗吉尼亚理工学院校园枪击案发生后开始带枪上学的原因。犹他州是美国唯一一个允许在大学携带枪支的州。2008年2月14日，美国北伊利诺伊大学又发生了一起校园枪击案。

我还不如垃圾，至少垃圾还有人回收。

——造成7人死亡、10人受伤的日本东京恶性伤害事件嫌犯加藤智大在行凶前曾说。

父母都是牙买加黑人移民的鲍威尔能当国务卿；父母都是捷克斯洛伐克移民的奥尔布赖特也能当国务卿；现在的国务卿是一个呲牙咧大嘴的嫁不出去的黑女人赖斯……为什么美国将来就不能出一个来自中国新移民的国防部长或者参谋长联席会议主席？

——曾在伊拉克驻防的华裔士兵陈果在战地日志中写道。美军将在2011年年底前撤出伊拉克。

中国无上流。事实上，什么“流”的社会都不重要，因为：好生活，不入流。（插图/谭正文）

文化·生活

(国内)

世界变了,对待世界的态度也变了。

30年前,北岛代表当时的年轻人喊出“我—不—相—信”,是信念坍塌后的集体怀疑;

12年前,一本畅销书为当时的愤青代言“中国可以说不!”,是新生代对世界霸权的抗议;

现在年轻人只说:好雷啊!

没有愤怒激烈的反抗,没有逻辑清晰的辩驳,没有先破后立的话语雄心,甚至没有最轻程度的冲突——只是一句“我被你雷到”,就飘过了。

在多元化、全球化背景下成长的这一代年轻人,对待世界的态度是既表达又同步消解,“雷”就是这种态度的最佳注脚。

——《新周刊》

中国不就是一个正在用百米冲刺的速度跑马拉松的国度吗？跑在最前面的人用不可思议的速度在前进，但整个队伍却拉得很长，很多人还远远地落在后面。

——学者郭凯说。

现在有一种情绪，认为21世纪就是中国的世纪。我不赞成，这是一种莫名其妙的自大。我最讨厌豪言壮语，我认为这种姿态容易误导民众。

——著名哲学家李泽厚告诫国人不要盲目自大。

Come on, China！（中国加油！）

——"5·12"汶川大地震、北京奥运会的大喜大悲，让"中国加油"成为2008年的最强音。鉴于就连老外也对"中国加油"耳熟能详，其英文译法在网络上成为热门话题。有网民认为译成"Go China"不妥，尤其是用于地震时，应该采取上述译法。

我认为中文是世界上最容易学的语言之一，否则很难解释为什么有13亿人选择中文作为他们的母语。

——外交部部长杨洁篪呼吁外国人学中文。

中国人民是一个拥有超强记忆力的民族，他们懂得珍惜患难之交，不会忘记患难时与自己站在一边的人……30年来我29次访问中国，我从中国收获了爱和友谊，也学会了爱与尊重中国人民。

——萨马兰奇在西班牙媒体发表题为《我为什么爱中国，尊重中国？》的文章。

我没有想到中国这么开放、透明，许多事情都可以公开讨论，特别是当人们在餐馆里天马行空地神侃时。

——荷兰驻华大使闻岱博卸任后接受专访时如此说。

很黄很暴力。

——出自《新闻联播》、由一名13岁女孩脱口而出的这则评论网络的短语使“很什么很什么”成为流行句式，衍生出很傻很天真、很恒很源祥、很假很坦白、很红很暴力、很色很无耻、很乐很Open、很爽很摇滚、很丑很封建等说法。

明天中国的互联网，一定会很美很绿色、很棒很健康、很好很强大！

——国务院新闻办网络新闻局副局长彭波在八家中央网络媒体签署《中国互联网视听节目服务自律公约》的仪式上这样说。主管领导在正式场合运用了“很好很强大”这个流行句式，网友评价说“看来领导们也是与时俱进啊”。

很累很混蛋。

——一网民对自己2007年生存状况的概括。

很小很强大。

——一家网上商店为一款笔记本电脑拟定的广告词。

恒源祥，北京奥运会赞助商，鸡—鸡—鸡—

——恒源祥贺岁形象广告在全国多家电视台黄金时段播出，一分钟的广告从“鼠鼠鼠”到“猪猪猪”，把十二生肖叫了个遍，以至于有观众以为自家的电视坏掉了，也有评论说它“很有钱很暴力”。

"穷忙族"（working poor），越忙越穷，越穷越忙。（插图/胡晓江）

你很男足。

—— 已经沦落为笑柄的中国男足成为 2008 年度的一个超级形容词，如果对一个女孩说“你很男足”，意思就是“你很容易搞定”；对一位身体特猛的哥们儿说“你很男足”，意思就是“你居然一直不射”；对不喜欢的那位同事说“你很男足”，意思就是“你很龌龊”；对街上的那个小偷说“你很男足”，意思就是“你居然这样不要脸”；还可以对一切不务正业的人说“你很男足”，意思就是“你完全不知道自己是干什么的”！

孙悟空再怎么翻筋斗，还是逃不出如来佛的掌心。

—— 针对台湾“教育部”要把中国人改称“华人”、中文改称“汉文”的又一波“去中国化”政策，诗人余光中认为，少数统治者的政治手段，终将徒劳无功，无法战胜中华文化传承。

不要把诺贝尔文学奖看作世界文学奖，把它当作西方文学奖就比较好一些，因为它主要就是给西方语系的。华人作家遍布世界各地，应该有我们自己的一个大奖，建立一个我们自己的评奖标准，而不一定要靠 18 个瑞典老头在那里指指点点。

—— 余光中说。他还说：一个作家能被自己民族接受，就是最大的光荣。

不如从甲骨文开始学起吧。

—— 针对宋祖英等 21 位文艺界政协委员联名递交的“小学增设繁体字教育”提案，有网民这样回应。而有网民则说不认识繁体字是一种耻辱。

您是老保守，将来北京城到处建起高楼大厦，您这些牌坊、宫门在高楼包围下岂不都成了鸡笼、鸟舍，有什么文物鉴赏价值可言！

—— 当年自称“改革派”的吴晗和梁思成就拆不拆北京城门、牌坊展开激辩，吴晗此语一出，梁思成当场痛哭。

孔子不是软实力，老子不是软实力，传统文化不能救中国。

——北大教授李零给当下的传统文化热泼冷水。

现在有些家长和学校让小孩子背诵四书五经，这就大可不必。我小时候吃苦头就够了，曾有个孩子写诗称：畏书如畏虎，秦皇烧不尽，留得后人苦。

——国学家文怀沙针对“国学热”提出了自己的看法。

一旦现代人读懂了，财富是无限量的。

——毛泽东嫡孙毛新宇拟在大学建“毛泽东思想系”。

人们对身体受苦的图像的胃口，似乎不亚于对裸体图像的欲求……这些残酷的画面，没有附加任何道德任务，有的只是挑衅：你敢看吗？敢看这种图像而不畏缩，本身就有满足感，而畏缩也含有快乐。

——汶川大地震举国揪心，而新闻报道中出现的一些消费灾难的趋向使人想起苏珊·桑塔格在《关于他人的痛苦》中说的这段话。

太上知之，其次誉之，其次畏之，最次侮之。

——被问及媒体与名人的关系时，易中天引用老子的话来回答。他说自己和媒体的关系属于第三等的“畏之”：“媒体怕不怕我，不知道，反正我是怕死他们了。”

不光奶粉中有三聚氰胺，媒体中也不少。

——易中天称媒体关于他的不实报道就是“三聚氰胺”。

I think you Chen Shui-bian.（我觉得你很陈水扁。）

—— Google 的翻译网页只要键入“扁”字，就自动翻译成“Chen Shui-bian”，以上是输入“我想扁你”的翻译结果。之前也有一个类似的段子：“你很陈水——欠扁。”

（女版）

1. 吃饭千万别喝酒；

2. 喝酒千万别喝多；

3. 喝多了千万别上床；

4. 上床了千万别脱衣服；

5. 脱了衣服千万别拍照；

6. 拍了照千万别保存；

7. 保存了千万别存在电脑里；

8. 存在电脑里后电脑千万别坏；

9. 电脑坏了千万别坏硬盘；

10. 硬盘坏了千万别送修。

（男版）

1. 炒股没买中石油；

2. 彻底不关心中国足球；

3. 孩子从来不玩魔兽；

4. 老婆见贵的衣服就走；

5. 想睡觉的时候邻居家不在装修；

6. 酒后超速的时候四周没有摄像头；

7. 不想干活的时候上司正好出国旅游；

8. 你发的短信小蜜从来不留；

9. 杨丽娟没对你苦苦追求；

10. 陈冠希珍藏的照片没你女朋友。

——“艳照门”事件后，网上流行的女性十大处事原则及男性十大幸福指数。

用词准确地道，词汇难度较高，包含了 50 多个考研和雅思核心词汇，经过改编后完全可以成为一篇高质量的考研完形填空，或雅思阅读理解。

—— 国内一家知名英语考试学习机构如此评价陈冠希的英文道歉声明，而台湾高校则把它作为素材引入英语课堂。2008 年 2 月 21 日，“艳照门”主角陈冠希公开道歉并表示永久退出香港娱乐圈。

在当下，“山寨”一词已经成为超级形容词，可以泛指一切制作粗劣但功能强大、着意模仿但难得精髓、创意无限又细节欠奉、什么都有但又似乎什么都不好的社会、文化现象。（插图/谭正文）

内在美/外在美/心灵美。

——民间对“裸官”生存技巧及现状的委婉性描述。以上三个词语分别指高官夫人、丈夫、情妇已定居美国。

如果于丹是鸡汤的话，我就是方便面。

——《百家讲坛》新造出来的明星马未都说。

一定得选最好的硬件芯片，雇法国设计师，做就得做最高档的手机；平台直接用MTK，屏幕最小也得3.0的，什么智能呀、电视功能呀、双卡同时待机呀，能给它装的全给它装上；前面一个摄像头、后面一个摄像头，手机一开机，甭管有事儿没事儿都得跟您说：“咩事啊？”一口地道的广东普通话，倍儿有面子；手机里再建一读卡器，卡用索尼的，一个G就几十块；再装一特大电池，365天待机，就是一个字儿——爽，接个电话就得说它一个小时才行；周围的人不是金立就是CECT，您要是拿一外国机器，都不好意思跟人打招呼。您说这样的手机，一部得卖多少钱啊？——我觉得怎么着也得2000多块吧。2000块？你打劫啊？1000块起，您别嫌便宜，还必须打折。您得研究顾客的购物心理，买手机连1000块都不愿意掏的主，根本不怕你便宜。什么叫现代人士你知道吗？现代人士就是买东西就买最便宜的，不买最好的。所以，我们做手机的口号就是：不但要好，还最便宜！

——关于“山寨机”的一段描述。“山寨机”的流行带动起一股“山寨文化”的潮流，甚至有人宣称要制作“山寨版春晚”跟央视叫板。

同一个世界，同一个山寨。

——凤凰卫视《娱乐打风暴》主持人尉迟琳嘉在节目中说。

不求最好，但求最肉。

——一网站为人肉搜索引擎打出的广告。

1. 不要辞职，不要换工作，不要转行，不要创业；

2. 不主动要求老板涨工资，裁员往往是从工资高的裁起；

3. 多帮朋友留意工作机会，多介绍，轮到自己找工作的时候才会有朋友帮；

4. 存钱，买国债或双币存款，别买股票；

5. 别买车；

6. 危机后期最难过，现在还没开始，别觉得自己很强；

7. 别离婚，别生孩子；

8. 就算还没感觉危机，也应该日子紧着过，用以前 70% 的钱过现在的日子；

9. 不要总幻想抢银行，因为活捉率过高；

10. 拉屎的时候留一半，免得饿得太快。

——网上流行的"金融危机十大注意"。

今天中午我在外面吃饭，餐厅的老板问我，你预计危机明年会结束吗？我说明年下半年就可以了，因为明年下半年你就适应了。

——阿里巴巴集团主席兼首席执行官马云在"2008中国企业领袖年会"演讲时说。他2007年抛出"冬天就要来了"的预言，2008年又抛出"危机将在两三年内打击每一个人"。

没有牛排，吃窝头活下去也不错。

——海航集团董事长陈峰谈及目前航空业困境时说。

金融危机一来，就知道国企的好了。

——网民如此评价席卷全球的新一轮裁员大潮。

华尔街——坑人，平安大街——养人。

——北京平安大街一家店铺打出的一个标语。

没想到金融危机波及得这么快，我将成为第一个离开深圳的人。麻烦最后一个离开深圳的人，把灯关掉。

——天涯的一篇文章引起网民共鸣，该网民因为公司注销被裁员。而各行业开始降薪准备"过冬"。

我不去想是否能够成功，既然选择了远方，便只顾风雨兼程……

——当母校暨南大学的学生询问金融危机下面临高就业压力怎么办时，汪国真用自己的诗句作答。

如果孔子、老子和释迦牟尼碰到了金融风暴，他们肯定不会跳楼、寻短见。为什么？他们有一种情怀。地球上最大的空间是海洋，比海洋更大的空间是天空，比天空更大的是思想家的情怀。

——99岁的国学家文怀沙在郑州所作"国学与现代商业的撞击"讲座中说。

我觉得历史就好像是一部电影。在中国历史上，男一号是政治家，男二号是知识分子，男三号是企业家。一般一部电影大家都会记住男一号，偶尔会记住男二号，很少有人会记住男三号。

——财经作家吴晓波说。

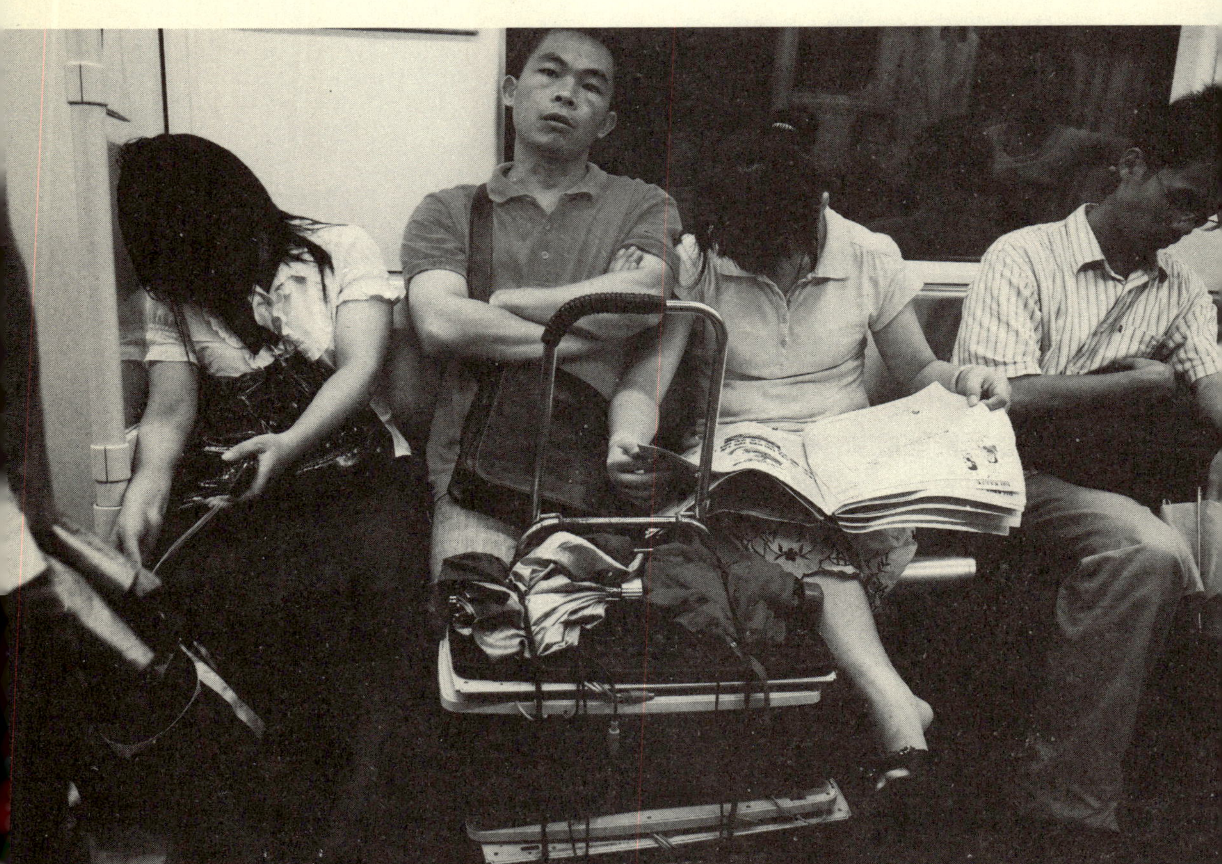

2008年6月，广州，地铁车厢内。地铁扩展了一个城市的通勤半径，人们却在越来越大的通勤半径上疲于奔命。（图/傅沙）

我虽然快 60 岁了，但对于大事情的处理，还是显得很青涩。

—— 因为关于地震捐款的言论备受争议，万科企业董事会主席王石在股东大会上这样表示。《新周刊》为此推出专题“青涩的男三号”，讨论中国企业家的生态。

李宁在 8 月 8 日的“奔月”行动为它（李宁公司）带来了一次免费的全球广告效应。

—— 奥运会开幕式后的第一个周一，李宁的个人财富飙升 3000 万美元。香港股评家蔺常念如此评论。

清新爽洁不紧绷。

—— 因涉嫌经济犯罪被警方调查的国美集团董事长黄光裕在首次成为“首富”时，专业咨询专家袁岳送给他的一句话。“清新”指保持健康的生活和工作模式；“爽洁”指注重自身行为的合法性、正当性；“不紧绷”指要善于放权。

我觉得企业需要当儿子养，但是要当猪卖。

—— 汇源董事长朱新礼回应可口可乐收购汇源引起的争议，说收购只是正常的商业行为。

第一代企业家以功德为乐趣，他们把企业当老婆养一辈子，不容任何人插足；第二代企业家把企业当儿子养，养到 18 岁就不管了，长大了稍加指点，自己老了则依靠儿子；第三代企业家把企业当猪养，养个几年，把企业上市一卖就玩去了。养一个，卖一个；养一群，卖一群。

—— 一直关注企业家幸福指数的咨询公司总裁赵民在一篇文章中说。

口袋很满，脑袋很空。

—— 浙商研究会执行会长杨轶清眼中的部分中国企业家形象。

曾经有人向我推荐北京市朝阳区望京附近的房子，我觉得他们不了解我。你想，我到了北京买房，还要“望”京，那还不如在大同买房呢，里外都是个“望”京！我要买就买“一环”的房子！以天安门为圆心，用圆规画圆，半径在3公里以内，否则不买！而且要买就买一个单元，均价4万一平米！我给亲戚朋友也都买了，这样咱在北京没什么熟人也不要紧，好歹能凑4个人打麻将。

——山西某煤老板说。

以前没钱的时候，吃一顿饱饭就觉得很幸福了。现在有几辈子都花不完的钱，却总感觉不到幸福。

——山西煤老板一致表示“没有幸福感”，认为自己虽然钱多得花不完，却总过着担惊受怕、空虚无聊、前途未卜的生活。

中国企业犹如正在暗室更衣，突然外人闯入，将灯打开，暴露在众目睽睽之下，你想有多尴尬。

——北京大学教授张维迎比喻中国企业在还没作好准备的情况下被拉到前台跟外资博弈所面临的生存危机。他认为在全球化背景下新一轮企业淘汰将开始。

买房子，没法活！买房子，没老婆！

——厦门某楼盘的50多位购房者2008年10月1日聚集在售楼处要求退房。

真是不能再低了！

——一房地产项目广告以身着低胸衣的美女为噱头，意指该盘价格已经低无可低。

房价不会跳水，只是在做俯卧撑。

——南京中央路一房产海报上如此写道。

每一次市场波动都会看到尸体。

——万通集团董事局主席冯仑提醒同行“不要天天都把蜜月当日子过”，调整将使大批房地产开发商破产。

只剩下年轻人结婚和中年人离婚带来的楼市需求。

——冯仑评价当前低迷的楼市。

只要我们持币待购，开发商就快买房送女人了！

——楼市低迷，深圳有开发商送宝马，沈阳有开发商送毛驴，南京则有开发商送奶牛，有网民调侃说，开发商下一步就该送女人、送墓地了。

没有卖不出去的房子，只有卖不出去的价格。

——恒大地产董事局主席许家印谈及国庆大促销时说。国庆 7 天，恒大在 12 个城市的 18 个楼盘全面联动促销。

可以说北京楼市的“奥运会”已提前开完了。

——北京房地产商陈云峰如是说。

与其每年花十多亿元维修，不如干脆炸掉故宫，彻底改造成建筑用地，大大解决北京土地资源匮乏引起的房价暴涨。

——一位房地产商发出此番“肺腑之言”。

台湾同胞如此地明白，谁只是些买地盖房子卖房子的房地产商，谁是高科技；而房地产商在我们这却往往打扮成了艺术家、品位家、文人、经济学家，就是不像个盖房子的。

——千橡集团副总裁、DoNews 制作人刘韧说。刘韧因涉嫌敲诈和诈骗被拘捕。

有购房经验的人常把购房比做谈恋爱，讲的就是购房过程如同恋爱，是非常私人化、个性化的过程。如果把两万人放在一起谈恋爱显然不现实，同样道理，把两万人组织起来购房、购置不动产也不现实。

——SOHO 中国董事长潘石屹认为深圳市民邹涛发起的"万人购房运动"很不实际。据报道深圳有两万多人报名参加购房团，目标是将深圳关外房价谈到 6000 元 / 平米以下。

房地产每一个企业平均下来就是一个中等的盈利水平，我们远远不如张朝阳一天的营业收入，如果这种行业也成为了暴利行业，中国就没有不是暴利行业的。

——华远集团总裁、总经理任志强在"2008 中国企业竞争力年会"上如此表示。

廉租房有一项灾难性的发展，很少人注意到。那就是把穷人集中在一起，导致社会明显的两极分化。廉租房的区域是贫民区，不洁、贩毒等，也是黑社会行为的集中地。在那里居住的孩子，进学校容易遭到同学歧视，长大后有自卑感。为什么要把社会弄成这个样子呢？

——经济学者张五常在回答大陆网民询问时提出上述看法。

我肥我坚强！

——近 50 位四川经济界名流到建川博物馆"拜见"地震中被埋废墟下 36 天奇迹生还的"猪坚强"，并齐声大喊。

2008年2月，广州南方人才市场外求职的人。有个说法，21世纪最缺的是人才，人才最缺的是心态。（图—阿灿/新周刊）

像猪一样的坚强，积蓄更多的能量。在绝境中把最美的梦想守望，不会害怕不会慌张。

——励志歌《猪坚强》走红网络。

40 元钱在 50 年前能买半头牛，现在 65 元只能买 3 斤牛肉！

——湖南一储户 50 年前在信用合作社存了40 元钱，50 年后连利息一共 65 元。

投资要用女人思维，女人会把男人当成终身大事，而不像有些男人就是嫖客思维，这里干一下，那里干一下，结果成本高，收益低。

——万通集团董事局主席冯仑撰文谈如何投资。

我一直坚持 A 股的价值中枢在 2500 点，再高就贵了。

——经济学家谢国忠说。

什么时候是熊市？掉回 2242 点以下才算是熊市……目前内地股市既不是牛市，也不是熊市，而是“猴市”，股指上蹿下跳十几个百分点都无所谓。

——全国人大委员会原副委员长、经济学家成思危说。

证监会忠告股民，近期不要进入股市，否则：宝马进去，自行车出来；西服进去，三点式出来；老板进去，打工仔出来；博士进去，呆傻出来；姚明进去，潘长江出来；鳄鱼进去，壁虎出来；蟒蛇进去，蚯蚓出来；牵着狗进去，被狗牵着出来。

——一短信。

当前最大的炒股空头是谁？中国航天员翟志刚！就在前不久，他在太空对着地球，向全世界人民大喊：“我已出仓（舱），感觉良好！”

——一则流行的短信。

我愿意和政府一起被套。

——声称“炒股要听党的话”的杨百万说。

祝你像中国石油一样越活越年轻，去年 48，今年 24。

——2008 年春节前流行的一句祝贺语，中石油 2007 年 11 月初上市首日的最高价为 48.62 元，到 2008 年 1 月底，已跌破 24 元。

床前明月股市光，李白割肉睡不香；沉舟侧畔千帆过，母猪上市花样多；书到用时方恨少，钱到股市不够跌；天若有情天亦老，人若有股死得早。

——某股民的 MSN 签名。

A 股开始进入俯卧撑时代。

——时评人时寒冰的说法。“打酱油”、“俯卧撑”等这些网络流行语以略带狡黠的表达方式，表达了一种观点和立场，也成为另类的民意表达。

地铁是勇敢者挤的，股市是无畏者炒的。

——上海出现的 MSN 签名档。

人人都以为股票都跌到地板价了，没成想地板下面有地下室，地下室下面有地狱，地狱还有十八层。——风靡一时的股市段子，当大盘从6000多点一路跌破2000点的时候，它终于变成了现实。有网民自嘲说：现在是最牛的熊市，还带个牛所以不是熊。（插图/谭正文）

挣汽车的钱狠，挣股民的钱更狠。

——网民自编的《股市魔鬼词典》中对中石油的评价。

奥巴马获胜，麦凯恩落败。建议投资者关注奥巴马弟弟澳柯玛 600336，此外，还有其亲戚好友如迪马、海马、天马、飞马、赛马等等；回避凯恩股份 002012。

——2008 年 11 月 5 日，美国大选结束后，一名中国网民如此调侃。

解套了，解套了。花钱消灾，值了。

——河南鹤壁市一股民在高速路上停车炒股，交警依法对其处罚时，此人接到罚单还说"值"。

税收这种方式，就是拔最多的鹅毛，听最少的鹅叫。

——英国人科尔比说。印花税就属于"听最少的鹅叫"税种。2008 年印花税下调以激活股市。

2007 年 11 月至 2008 年 5 月上证跌幅 51%，中国跳水队稳居世界第一，那时越南跳水队名不见经传；由于目前其高难度动作跌幅 58% 反超中国队，此时中国跳水梦之队在魔鬼教练周小川带领下正全力以赴，争取在奥运之前重夺王座，给全国人民交上一份满意的答卷。

——截至 2008 年 5 月 17 日，中国股市已十连阴，有股民把中国的十连阴和越南的 26 连阴一起调侃。

我在 48 元买入中国石油，我今年 35 岁，是新手，请各位高手指点下，请问我在有生之年能解套吗?

——央视第一财经短信咨询问题，专家答复"那得看你生活质量和身体状况如何了"。

康乾盛世。

——2008 年沪指一度探底至 1664.89 点，股民戏称回到了“康乾盛世”，难道还要直奔“贞观之治”？从 2007 年年底到 2008 年 11 月底，沪深两市总市值共蒸发 20 万亿元。

看来中国老百姓才是世界上最大的油田。

——北京汽柴油价格上调，有网民如此调侃。

你在路上随便遇到一个市民，就可能是百万富翁。

——上海社会科学院研究员陆晓文表示，调查统计结果发现，在上海拥有产权住房已经成为一种普遍的现象。

是弱智，不是弱者。

——中国工商银行行长杨凯生“银行其实是弱者”的言论引发网民炮轰。

东风加解放，能成为奔驰吗？

——东航董事长李丰华表示将继续和新航商谈，而不打算与和自己经营模式相类似的国航合作。

如果把职业经理人比喻成汽车，那么唐骏就是汽车中的劳斯莱斯。

——前盛大高管朱威廉如此评价以 10 亿元天价跳槽的职业经理人唐骏。

这种待遇好比在家庭聚餐时被安排在儿童桌旁。

——在美国底特律举办的 2008 北美国际汽车展上，中国汽车企业的参展热情达到新高，但五家中国汽车厂商都无缘进入主展厅，全在地下厅布展，美国《华尔街日报》这样评论。

中国的钱躺在地中海的阳光下，而不是在基金经理人、CEO 等高管身上。很多职业经理人，他们代表钱，动辄几百亿、几千亿在运作，但他们不真正拥有钱。真正的有钱人是那些在地中海晒太阳的人。

——万通集团董事局主席冯仑说。

对于名流来说，死去不是指生理死亡，而是在公众面前消失；活着不是指颐养天年，而是依然有剩余价值。

——《新周刊》一篇讨论名人的剩余价值的文章说。

我们推介的是艺术化的生活方式、原始生态的休闲方式。

——第二届 Top Show（深圳）国际顶级私人物品展策展人盛磊说，这应该就是大众心目中的“奢侈”。

我们对读者的资质有硬性的规定，资产在 5000 万元以上的才是这本杂志的读者，一般读者我们不劝他去阅读。

——《罗博报告》出版人瘦马说。该杂志每期零售价 100 元，堪称当前国内最贵的杂志。

47 岁，男性，来自中国东部，1993 年创办了自己的公司，资产 5.62 亿美元，从事房地产或工业行业。

——德国《商报》一篇报道中所描述的中国超级富人的平均形象。

除了普拉达（Prada）等奢侈品牌，我们买不起的东西并不多。

——拥有两处房产和一部小汽车的广告人刘先生说。

每年至少要消费 8299 万元。

—— 胡润为“中国新贵族”划定的最新消费标准。胡润称，在中国顶尖消费群体中，资产 100 亿元以上的有 200 人左右，100 亿元级别 200 人、10 亿元级别 2000 人、1 亿元级别 5 万人。

在英国穿秋裤是没出息的人才干的事儿！

——《时尚芭莎》主编苏芒称“秋裤是令人发指的事物”，引起网民热议。FT 中文网撰稿人范庭略在文章中如此调侃：“我＝穿秋裤＝日本欧巴桑＝韩国老人＝英国窝囊废＝法国 20 世纪 50 年代农民。”

时尚是一种思维方式，不是一个衣柜。

—— 洪晃就任《iLook 世界都市》第四任主编，在发刊词中她这样说。

无知的焦虑从来都是错的，而过于忙碌的人定会迷失方向。

—— 专栏作家连岳在书中引用《圣经 · 箴言》的这句话，认为它应和了现代人提出的“慢生活”理念。

老男人要玩，小男人要多思考！

—— 万通集团董事局主席冯仑说。

目前所知，确实有个人在他的客厅里养鲸鲨。

—— 某豪宅广告。

上帝糊涂，把我忘了。

—— 记者采访 103 岁的语言学家周有光，他这样自嘲。

2008年3月，北京，央视新大楼工地。央视新大楼还没竣工，“大裤衩”、“劈腿”等俗称已经在民间流传。（图—阿灿/新周刊）

我以前追求的太虚华了。之前看上的那双400多元的凉鞋，如今一点儿购买的欲望都没有。

——外交学院一位硕士生说。一项4000多人参加的在线调查显示，88%的人认为汶川大地震改变了自己的生活。

学生庆幸可以不交功课，测验可以延后，有更多时间可以打机看韩剧；上班族可以多一天有薪假期，可以约朋友打牌、唱K，或者昏睡一天；做家庭主妇的，也难得一家人可以一起吃饭，共聚天伦。

——中原地产总裁施永青在博客中说，每次有台风袭港，香港人其实都比外界想象的更加幸福和兴奋，难得偷到半日闲。

在这里（旧金山）我认识一位来自中国大陆的朋友，他平常很低调，但家里非常“富有”，零用钱超级多，住的房子超大，而且买房子的钱是用现金一次付清；有一度，我真的好羡慕他，一样是“高干子弟”，怎么我这个来自台湾的“高干子弟”和那个来自中国大陆的“高干子弟”差别那么大。

——蒋经国之孙蒋友柏谈当年祖父去世后，身份大变的窘迫感。

我的翻译爱丽丝很害怕过马路，即使是绿灯。她通常都紧紧抓着我的胳膊，她是想保护我呢，还是想万一出事躲到我身后？我则尽力假装镇静，尽可能加快脚步，安全到达马路对面。

——德国交通安全节目制作人安格拉·瑞赛诺的文章《中国司机不会为行人刹车》引起强烈反响。

我们村子有53个孩子，所以请慢慢地开。

——作家龙应台在《给我们一个政治家》里引用的来自美国乡村路牌上的句子，用以说明何为社会默契。

两位司机的第一句话都是：“请问到哪里？”别小看了这一个“请”字，这就是台北文明程度最直接的反映。

——学者钱文忠在博客中写下台湾游的感受。

北京好看不好玩，台北好玩不好看。

——双亲50多年前从北京落脚台湾、经常往返北京台北的台湾电视创意人王伟忠说。

“故宫博物院”的古物不是我们生的，但我们养了50年。

——台湾高雄县凤山基督教长老教会建议将台北“故宫博物院”古物还给大陆，陈水扁说。

这么多雨，北京是在冒充江南吗？

——网民杜然说。这句话让人想起了作家尹丽川那句“一下雪，北京就成了北平”。

我看过全世界大都会的机场，最可耻的是北京机场。因为它的书店是那么的糟糕，机场书店总有一台电视，电视里一个人穿着红色西装，告诉你，你要怎样运用孙子兵法去搞管理，用三十六计去搞对手。庸俗如香港，它的机场书店都会有一个独立的角落，卖经典的文学作品。

——凤凰卫视主持人梁文道说。

喂，给你们提个醒，那两幢楼给盖歪了！

——记者王军的新著《采访本上的城市》记录的一个细节：自央视新大楼那巨大的、斜着向上的结构露出地面之后，北京商务中心区管理委员会就不断接到市民的电话。

我们也叫惯了“大裤衩”，一时也想不出更好的名字。

—— 因“大裤衩”、“扭曲”、“斜跨”、“劈腿”等俗称不雅，央视面向员工征集央视新大楼的命名，但还没有征集到被一致看好的新名字。有网民建议叫“智窗”，但随即被恶搞。

要是外国记者问我哪里有卖《花花公子》，我就介绍他们去买《男人装》。

—— 在北京奥运会媒体村服务的来自中国服装大学的一位志愿者这样说。尽管国外媒体宣称《花花公子》奥运期间将在中国解禁，但最终它没有进来。

上海之于中国，就像在自行车上装卫星导航系统，听起来作用又多又强，看起来拉风砸人，然而真正价值远远低于对它的投入：只是一个象征性的产物。

—— 上海经济增长首次低于全国平均水平，上海方面欲力保经济引擎地位，一网民如此评论。

这里埋葬着我们的一面镜子，一个美丽的中国人。他在世的时候，让所有人觉得刺痛。而没有了他，又让所有人怅然若失。

—— 作家柏杨 2008 年 4 月 29 日去世，知名网民和菜头在悼文中写道。

既然我已经做了大半辈子的“老师”，那就后退一步叫叫“大师”也可以吧。

—— 上海戏剧学院成立“余秋雨大师工作室”，余秋雨笑称“大师”比“老师”低一级，也就勉为其难当当‘大师”。

小说有三种写法：一种是用头发写的，一种是用心写的，还有一种是用大脑写的。

—— 作家麦家说，用头发写的人叫天才；用心写会出现两个极端：好的很好，差的很差；他自己选择用大脑写，是把小说当作一门手艺活来做。

艺术家刘小东和他的画作。（图—张海儿/新周刊）

当一个艺术家号召抵制另一个艺术家时，第一文艺批评定律就起作用了：抵制无关真善美，纯粹只是出于嫉妒。

——艺术家赵半狄号召抵制《功夫熊猫》的上映，专栏作家连岳对此评说。

齐白石如果三十岁就红了，说不定就成范曾了。
我如果十八岁就红了，说不定就成郭敬明了。

——作家冯唐的博客中说。

服务员，请称一斤郭敬明。

——《新京报》评论说，中国图书业已经步入大规模“自我复制”、“自我繁殖”阶段，并戏称未来可能会出现这样的场面。

把 1 万个郭敬明并行处理，其想象力不一定比得过曹雪芹。

——学者严锋说。

只要有人写中国文学史，绝对避不开郭敬明三个字。

——《纽约时报》称郭敬明是“中国最成功的作家”，再次成为中国作家首富的郭敬明如此说。

如果给作家免税，不向作家征收个人所得税，能够刺激作家的原创力。

——作家二月河提议出版社实行低税制、或者给作家免税，以激发创作力。韩寒的回应是，11% 左右的个人所得税率还不至于把人逼死。

这就好比我单方面宣布，我今年赛车的打伞模特有可能是维多利亚或者哈莉·贝瑞或者章子怡一样。

——韩寒在博客上撰文，否认自己并没有如某些厂商和书商所言担任其代言人，并称之为"蹭广告"现象。

名著就是名著，经典就是经典，糟蹋就是糟蹋，瘪三就是瘪三。大师会被崇拜，遗产当然不是瘪三能留下的。大师有大师的空间，瘪三有瘪三的市场。不必杞人忧天。

——作家王蒙谈对《红楼梦》的改编。

到处都是垃圾，也是文坛小康繁荣的表现。作品多了，垃圾自然会多。"十七年"文学中，我们总共才出来 200 多部小说，现在每年有 700 部到 1000 部小说亮相，如果按照 60% 来算，垃圾当然会很多。

——王蒙认为垃圾书多也是文坛繁荣的表现。

我也经常看发表在网络上的作品，有的不仅文学性不强，错别字也很多，一个首页要没有十多个错字就不是首页，还有的连句法也不通。从文字到文学，我觉得还差 23 公里。

——作家刘震云批网络文学。

第一次报这个奖，好像是从《高老庄》开始的吧，《怀念狼》、《病相报告》，一直到《秦腔》，四五届了，每次都好像穿了新衣服去等车，每次却都走了回来。

——贾平凹凭《秦腔》获得茅盾文学奖，谈到苦等茅盾文学奖，贾平凹这样说。

世界上什么金属最昂贵最具升值潜力？上海车牌。——上海车牌拍卖价格高企不下，这是坊间流传的笑谈。（插图/谭正文）

80% 的文学界人士没读过其中 3 部以上的作品，99.9% 的中国人没有读过其中的任何一部作品，即使在评委中，也绝对没有一个人读过所有的 24 部作品……一条陈年的社会新闻或许比它都要多一点回头率。

——独立出版人叶匡政谈茅盾文学奖。

为什么中国读者对当代文学这么失望？因为中国当代作家不敢面对生活具体的问题，他们看市场要什么就写什么，他们希望有某个美国电影公司会把他们的破剧本拍成电影。

——以“中国当代文学垃圾论”闻名的德国汉学家顾彬再度批评中国当代作家。

我也可以说，要是我当韩寒他爹，那下一秒就把他打死。大家都瞎说，没意思。

——韩寒称自己如果当作协主席，下一秒就解散中国作协，河北省作家协会副主席谈歌如此回应。

你的大师不是我的大师。

——韩寒在与陈丹青的一次电视对谈中称巴金和老舍的文笔很差，面对责难，韩寒如此回应。

赫胥黎曾经预言人类文化灭亡的方式是没有人想读书，没有人想知道真理，文化成为了滑稽戏。在我们这个时代，他的预言真的有可能成为现实。

——调查显示，2007 年中国仅有 34% 的人至少读了一本书。民进中央副主席朱永新如此感慨。

哪里出现繁荣，哪里就可能有艺术；而哪里出现繁荣，而且出现快速的社会变革，哪里就很有可能出现重要的、强大的，甚至是颠覆性的艺术。

——美第奇家族说过的一句话，可以解释中国当代艺术在当今的炙手可热。

立招字人钟汉福，家住白洋河文昌阁大松树下右边，今因走失贤媳一枚，年十三岁，名曰金翠，短脸大口，一齿凸出，去向不明。若有人寻找弄回者，赏光洋二元，大树为证，决不吃言。谨白。

——沈从文1934年返乡期间抄下的一个帖子，摘自金安平著《合肥四姊妹》一书。沈从文当时的评价是，“这人若多读些书，一定是个大作家”。

中国美术比非洲还要落后。

——89岁的画家吴冠中炮轰国内美术界，说我们总以为非洲艺术很落后，其实他们比我们现代很多。

这就好像做爱一样，不是在这张床上才可以。实际上在各种各样的空间里，都可以达到快感。

——北京奥运会开幕式烟火设计师蔡国强艺术回顾展开展，有记者质疑以装置艺术闻名于世的蔡国强作品在中国美术馆的狭小空间中展出会影响效果，蔡国强如此解释。

男女老少裸体模特儿写生是绘画和雕刻必需的基本功，不要不行。封建思想，加以禁止，是不妥的。即使有些坏事出现，也不要紧。为了艺术科学，不惜小有牺牲。

——广州美术学院老教授陈杰雄回忆说，1978年广州美院就是凭这句毛主席的批示恢复了人体写生教学。

穿上衣服她可能就是慈禧，脱了衣服她就是女人，这样一种状态实际来讲，穿了衣服就是一种权贵，体现一种身份；脱下衣服就体现人类自我。

——清华大学美术学院教授李象群创作的雕塑“裸体慈禧”引起争议，李象群说，他是想借此表达人人平等。

在商务部和老外谈判时我就有体会，谁有体力、能熬夜，谁就能胜出。

——重庆市委书记薄熙来考察学校，到哪儿都讲体育。

假如当众裸奔都不怕了，期末考试还用怕吗？假如身体都不受束缚了，思想还会被束缚吗？

——对清华学生裸奔一事，陈丹青引用哈佛裸奔者的名言表达看法。

我是语文老师，但当下的语文，被考试冲昏了头脑，个个肢体残破，血脉贲张，红着眼睛找得分点，把语文变成菜市场分不同部位出售的猪肉！高考已经把语文糟蹋得体无完肤了！

——网民“7哥老乡”痛陈应试教育糟蹋中国语文。

就文学性来说，《三国演义》根本就算不上文学。
诸葛亮就是一个出乎情理之外的人——哪里是人，已几近妖怪。

——特级语文教师王泽钊反对中小学生读《三国演义》。

穿着无罪，看着有罪。

——有人如此评价中小学校服。

浅入深出。

——有学者如此讽刺现在的学术研究。

停止评选“三好学生”，因为评选“三好学生”实际是把学生分成三六九等，这样会给学生造成一定心理压力，不利于学生健康成长。

——中国教育学会会长顾明远呼吁。

没有挂过科的大学生活不完整。

——浙江某高校公布期中补考名单，人数近万名。这是大学流传的一句玩笑话。

咱们假设到了 200 周年的那一年，如果以 200 为基数，不知道学生是否就得绕着赤道跑？

——针对开展中小学生“阳光体育冬季长跑活动”方案中“总里程以 60 公里为基数，象征新中国成立 60 周年”这一“释义”，网民杜然这样说。

现在的大学就像一个县衙门，校长书记是说一不二的县太爷，而机关干部是六房书吏，教授则是三班衙役，虽说大老爷见了觉得你贱，但对于百姓，还是有威风可耍，而现在的学生就是交粮纳赋的百姓。

——针对中国政法大学“杨帆门”事件、中山大学博导虐待学生事件，学者张鸣分析教授为何敢对学生耍威风。张鸣还说研究生“基本上等于家生奴才”，“课题全做，家务活全包，有的，还占色上的便宜”。

为了保证听课人数的课堂点名，我以为离伟大很遥远。虽然不点名也没什么了不起的，更谈不上伟大，它只是一个大学教师应有的最基本的自尊和对学生——作为成年人的学生的人格的尊重，是大学教育伦理的底线，它于我就是个戒律。

——中国政法大学教授杨帆因为逃课问题与学生发生肢体冲突，该校教师萧瀚发表以上言论，并因此辞职。

2008年9月，广州员村，原广东罐头厂的职工宿舍区，上世纪50年代风光一时的苏式建筑在今天渐渐被人们遗忘。（图—阿灿/新周刊）

有时候我们自己的论著被人胡乱抄袭几段，也不好意思去揭露，怕人说咱小气。

——学者孔庆东在博客上有感“学术抄袭”。

现如今的大学像妓女一样，只要有钱，全国所有大学都乖乖排成一排随便你点，想上哪个上哪个，愿意多花点钱甚至可以几个一起上。

——韩寒说。

母校把“留美预备学堂”的特色发挥到天下第一了。

——《美国大学博士学位获得者综合报道》通过对2006年度全美研究型博士学历背景的分析显示，当今出产美国博士最多的三所学校依次是清华大学、北京大学和加州大学伯克利分校。一清华大学的校友如此说。

青年教师觉得你校长也是道貌岸然的，你们集体作弊，欺骗教育部，欺骗专家组。学生会觉得你们老师也在作弊，还让我们帮着你们作弊。学校还有什么道德力量去要求年轻人不作弊呢？

——中国科技大学校长朱清时呼吁：高校教学评估该停了。

我看了网上那些代课教师给我的留言，那真是“血淋淋”啊！

——教师节前夕，广东省委书记汪洋说。

当教师不如其他行业。我不希望她继续吃教师这碗饭。

——一个教师世家执教500年后无人接班，其14代传人雷应洲的女儿从事IT业，雷应洲如此表示。

卖猪肉比卖电脑还有技术含量……肥肉、瘦肉、排骨等如何去分割、如何搭配，决定了卖猪肉是赢利还是亏损，其可变性很大。

——北大毕业生陈生从机关辞职下海，开设了 100 家猪肉连锁店。广州则有 1500 多名硕士生竞聘“猪肉佬”。

假民意是假货中最有危害性质的一种。

——韩寒抨击湖南卫视某节目导演组花钱雇“群众演员”充当读者评价他的作品。

当心，“小天使”在看着你！

—— 湖北大学数计学院某班级为促进学生“好好学习”，实行人盯人战术，每位学生都有一位“神秘小天使”暗中监督一举一动。熊培云化用奥威尔小说《1984》中的“老大哥在看着你”为题评论。

面了。

——应届大学毕业生找工作期间的常用语，意为“已经面试尚无结果”。

考研培训就像割韭菜，割了一茬又一茬。

——2008 年的考研分数还没公布，2009 年考研培训的宣传海报已经贴到各个高校。一家考研培训机构负责人这样形容这个行业。

我每天除了上学外，课后还要学英语、美术和钢琴，因家里只有我一个小孩儿，爸爸、妈妈、爷爷、奶奶、姥爷、姥姥六个人总“串通一气”，把我关在屋子里，爷爷养的宠物狗还能天天出去溜达，可我……

——四平市一名 9 岁男童向街道法律服务所主任如此投诉。

中国最没有人权的是小学生。——原深圳市体改委主任、深圳市新世纪文明研究会会长徐景安说。（插图/谭正文）

我不认识他，你还是问别人吧！

——3月5日是“学雷锋纪念日”，在接受记者采访时，郑州一小学生一脸茫然地如此回答。

害怕学生谈恋爱，防止男生用助学金为女生买东西。

——郑州一中专暂扣学生助学金不发，有老师如此解释原因。

家长宜亲自将“安全套”放进12～15岁孩子的书包里。

——广州市计生局副局长段建华说。

偶班的GGMM酱紫决定去操场上给他+U。

——在第三届全国中小学生创新作文大赛重庆赛区出现了多篇这样使用网络语言的作文，被大赛组委会取消了参赛资格。

我们上语文课学《范进中举》，老师在讲课，下面就隐隐传出哭泣声，好几个同学和我一样哭了……

——沈阳一初二学生在日记中写道。他说，自己周围充斥着范进所面对的世态炎凉，学习好坏决定老师和家庭的态度。

随着高校的扩招，大学生就业问题面临重重困扰，这就为我国民族直销业提供了大好机会。

——华中科技大学一法学硕士以其亲身经历，揭露了传销组织专门针对刚毕业的高学历人群进行欺骗的情况。这是传销组织让成员们反复背诵的一段话。

助学犹如耗尽资财吸毒，已让我上瘾，而且一发不可收拾，欲罢不能。

——10 年花费 200 万助学上千人的东莞商人“坤叔”（张坤）如此说。

《新周刊》的角色就像小花猫边上的小香肠一样，永远看得见但是摸不着。

——2007 中国电视节目榜推委、学者喻国明评价《新周刊》之于电视的意义。

新闻摄影界真是动物凶猛啊！

——继“周老虎”、“刘羚羊”之后，“张飞鸽”再被曝光，有人这样评论“PS 新闻假照”的集体曝光。

您如果抬起头来，我不会拍不到您。哪怕在半个小时内，您抬过一回头，我跟您保证，我一定会抓到的。

—— 原北京《通州时讯》摄影记者王力利因拍摄的通州区区长照片“低着头，闭着眼，形象不佳”，被报社辞退。他这样申辩道。

二氧化碳处理好了是商品，处理不好是问题。

—— 基于《京都议定书》的清洁发展机制（CDM），发达国家纷纷在发展中国家购买二氧化碳减排量，气候组织大中华区首席代表吴昌华说这让二氧化碳在法律意义上成了可以交易的商品。

如果不加以抑制，一百年后，哈尔滨就是今天北京的气温，青岛就是今天的上海，而福州将成为今天的广州。

——作为 2007 年度诺贝尔和平奖获奖成员、全球变暖报告执笔人之一的美国普林斯顿大学教授刘雅章说。

汽车在大白天行驶也要打开车灯，人就像一个白内障患者在阴天里行走。

——广东省出现大范围灰霾天气，行驶在广深高速上的一位车主如此抱怨。

请问利用核能为炒菜锅灶供能是否可行？成品是否能实现蒸炸煎煮，是否能做好红烧肉？我比较喜欢吃。

——科技部网站的公众问答中出现了“众多抽象、后现代、无厘头以及超文明或亚文明的问题”，工作人员则有问必答，被网友称为“难得娱乐部委”。

学医上可以疗君亲之疾，下可以救贫贱之厄，中可以保身长全……

——北京中医药大学教授曲黎敏在《从头到脚说健康》一书中说。

成年老鼠的智商与 8 岁儿童相当，用简单的捕鼠工具可别想灭绝它们，必须要和它们斗智斗勇。

——长沙市疾控中心有害生物防治科科长龙建勋说。

我们分手吧！虽然每个孤独的夜晚是因你存在而不再孤单，虽然离开你让我牵肠挂肚、精神恍惚。但在咳嗽和喘息中我终于明白：吸烟有害健康。市创卫办。

——广州市创卫办发给市民的短信，有市民误以为是分手短信，吓出一身冷汗。

当中国政府官员在讨论控烟这一公共卫生政策时，烟草公司的代表就坐在旁边。这就好像让狐狸坐在鸡笼里，讨论如何保护小鸡。

——美国无烟草青少年运动法律部主任帕翠莎·兰伯特在接受《国际先驱导报》采访时说。

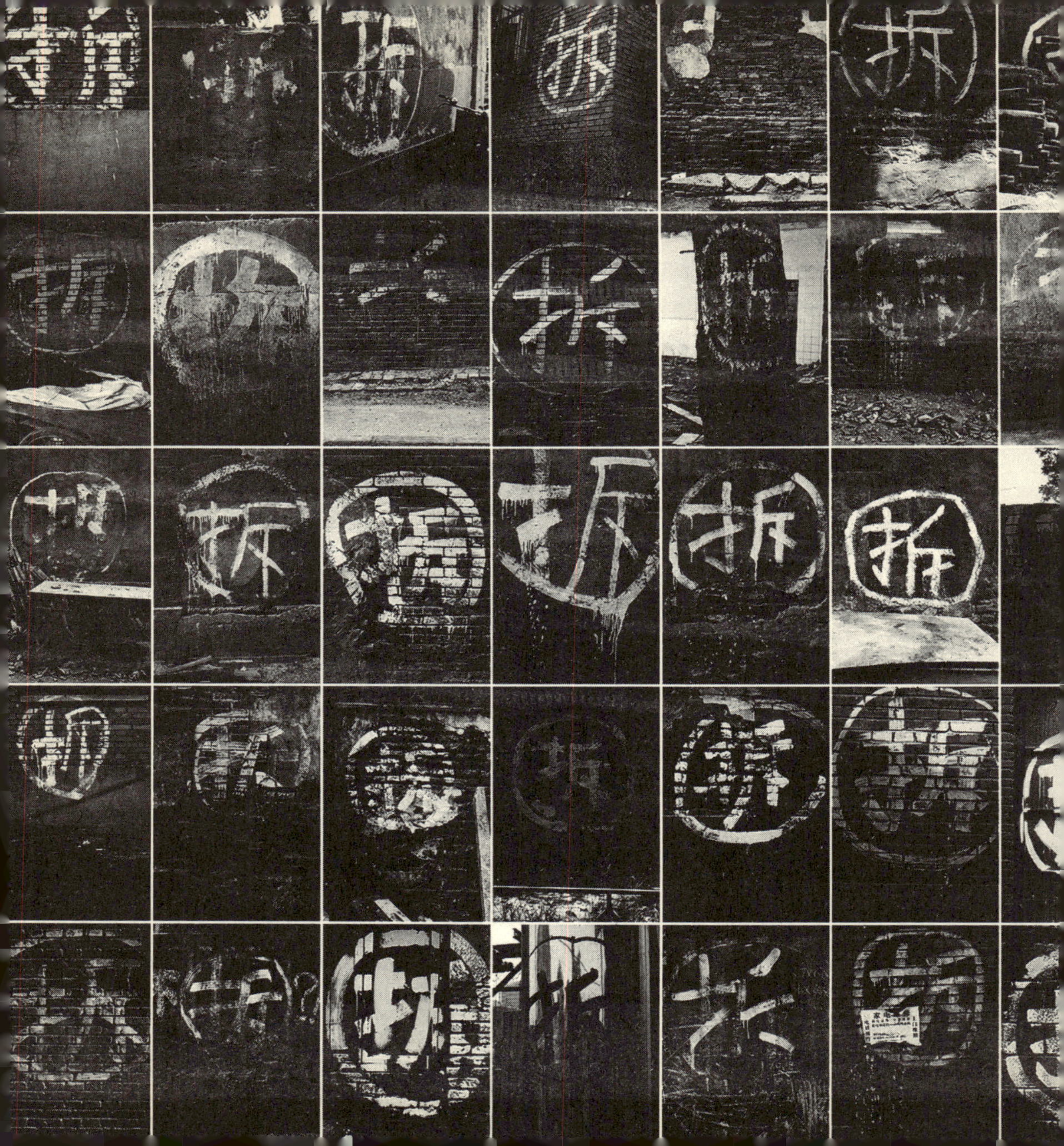

就算在阳澄湖湖面上铺一层螃蟹，也不够上海人民吃的啊……

——常熟当地人的感叹。正宗阳澄湖大闸蟹每年的产量不过一万多只，市面上叫卖的阳澄湖大闸蟹绝大多数是假货。

现在的鱼类、家禽类，哪一样不是吃药物长大的！

——江苏一使用“高科技”养蟹闻名的水产养殖场的场长说，从蟹苗到上市，至少要十种药，例如：氯霉素、土霉素、乙醇、痢特灵、诺氟沙星、恩诺沙星、病毒灵、多西霉素、乙烯雌酚等等。面对质疑他如此回应。

互联网作为一个信息载体和互动平台，能让一篇看似普通的报道，像剥洋葱一样，把真相一层一层剥出来。尽管我们剥了半天也流了不少眼泪，还没剥到洋葱的心，但已经得到一个自己心中的答案。

——网易首席执行官丁磊对互联网的比喻。

在我们祖国的辽阔大地上，只有你还没有加入我的 MSN。

——有诗句云。如今不会发短信，没有用过 MSN 或 QQ 的人会让别人觉得不可思议。

一觉醒来，变成精神病了。

——我国出台首个《网络成瘾诊断标准》，认定网络成瘾属于精神疾病，治疗办法包括“轻度电击”。以上是某网民的 QQ 签名。还有网民调侃说麻将瘾、股票瘾、上班瘾也将成为精神疾病的新分支，届时人人都是精神病。

妈妈说就算你注册的域名再长百度都能搜索出来（mamashuojiusuannizhucedeyumingzaichangbaidudounengsousuochulai）。

——据说是百度的另一个域名。

摄影师王劲松的概念摄影作品《百拆图》，以北京乃至全国各城市建设中随处可见的“拆”字为对象。（图/王劲松）

这就好比郭靖，他总是在正确的地方遇到正确的人，所以才有一身武艺。

——百度创始人、首席执行官李彦宏把自己的成绩归功于高人指点。

我的办公室和我们全球总裁 Eric Schmidt 的很像：非常的小，大概只能容得下我的书桌和两张椅子。有一次，一位国企的领导来参观时惊讶地对我说："我的办公室大概是你的 10 倍。"

——谷歌全球副总裁、大中华区总裁李开复说在谷歌每个人办公室都差不多大。

目前厂家卖台笔记本电脑，赚两三千、甚至上万元都不奇怪。

——神舟电脑董事长吴海军大曝行业内幕。

今天很残酷，明天更残酷，后天很美好，但是绝大部分的人都死在明天晚上，所以你必须每天努力，才能看到后天的太阳。

——阿里巴巴集团主席兼首席执行官马云说。

以后打怪掉线，系统还提示你"其中 20% 已经自动征收个人所得税"。

——一位网游玩家在论坛上抱怨。2008 年 10 月 28 日，国家税务总局出台规定，个人通过网络收购玩家的虚拟货币，加价后向他人出售取得的收入，属于个人所得税应税所得。

"张江男"的特点是都受过良好教育，干活却像民工一样累。中国的软件行业还属于劳动密集型产业。如果有 10000 行代码要敲的话，就要一行行地敲出来。

——聚集在上海张江高科技园区、薪水较高、工作勤奋、深居简出的一个群体被称为"张江男"。

手机的作用就是移动通信，为什么要交漫游费？如果是这样，打座机好了。

—— 作为降低手机国内漫游费听证会的候选代表，中国社科院信息化领导小组办公室主任谢延德如此说。

曾经以为德芙巧克力是最好的，有一天跃上新境界却发现瑞士巧克力才是人间极品且近在咫尺，偷吃之心顿起。

—— 央视主播芮成钢在博客文章《中国男人出轨的十大原因》中分析，出轨的原因之一在于婚前的探索不够。

爱情是泡菜。

—— 梁朝伟在釜山电影节上说，泡菜时间长了就越来越有味道，希望爱情也可以永远保持那种成熟的味道。

上帝也是单亲。

——2008 年 1 月的北京图书订货会上，一家出版社推出了一部以“单亲家庭”为主题的书，此为该书的宣传语。

民商权利解读：求婚是请求权，结婚是永佃权，爱情是形成权，婚外情是期权，老婆是自物权，情妇是他物权，二奶是承包权，小姐是股权，小姨子是相邻权。

——一短信。

你有什么不开心的事，说出来让大家开心一下。

——一条被广泛引用的 MSN 签名。

爱情消失时，不会留下证据，更没有不在场证明，嗖的，它就不见啦。

—— 台湾专栏作家张国立说。

我的心是阳痿了的阳具。

—— 网民吕然在博客中说。语词搜集者黄集伟评论说，与其说它宛如一部残酷青春小说的开场语，不如说它更像一部悬疑小说的结束语。

我不知道他吃什么，但我了解他的灵魂。

—— 诗人闫妮称在听过陈楚生的歌之后，突然爱上了他，在一周内为他写下了 120 首情诗。

不管是残次品、可疑物品，先让自己开张了再说，要把胆量练起来以后才好防身啊。

—— 一姑娘问自己为什么深陷不断相亲陷阱不能自拔，主持情感信箱的作家水晶珠链如此作答。

第一等夫妻分房睡，第二等夫妻分床睡，第三等夫妻同床睡。

—— 台湾戏剧导演李国修在《锵锵三人行》节目中说。

面对你一而再再而三、悄无声息地、不负责任地、擅自地、离家出走——到外地约会各式各样风情和各种各样味道的女网友（未婚的、已婚的、年轻的、成熟的……），一直努力想要做个善良、宽容、贤惠的、你的妻子的我一忍再忍。但是，支撑到今天，我实在是忍无可忍，我的容忍度已经达到了极限。

—— 一成都女子上网“通缉”丈夫。

他们干事情都是右撇子，但是想事情都是左撇子；都信佛，但是从来不念经。

—— 洪晃对西方“知识分子电影人”的概括。

一小时黑一次。——微软中国宣布，2008年10月20日起，使用盗版微软XP系统的用户桌面背景将变成黑色，黑屏频率为一小时一次。10月20日，一IT工作者说“等了一个通宵，仍未等到那个传说中的‘黑屏’，黑眼圈倒是有了”。（插图/谭正文）

结婚就像开公司，结婚证就是营业执照。一般来说，男人投资的是金钱和地位，女人则投资青春与美貌。显然，女人的资本折旧率很高，容易导致男人撤资。男人可以毁约，但得分一半财产给女人，以示公平。

——主持人窦文涛评论婚姻。

每天坐地铁上下班，放眼望去，我知道车厢里至少有 300 个男人适合我，但我永远不会开口，我知道他们也不会。

——一位上海单身女白领在电视节目上感慨结婚之难。

乌泥泾手工棉纺织技艺这项非物质文化遗产，改变了上海地区的社会结构，并且这种影响一直延续到现在。

——民俗专家蔡丰明称，黄道婆发明的手工棉纺织技艺使女性成为家里的顶梁柱，催生了肯做家务、有点“怕”老婆的“上海男人”。

我主张一开始就见家长，不然你没有办法真正了解对方的为人。

——主张婚姻需要“门当户对”的一位 80 后说。

三个机师就有一个外遇。

——台湾华航一位波音 747 副机师因婚外情被妻子投诉，华航一位高层竟这样表示。

不要暴力，好好爱。

——超过 12 万中国网民签名响应联合国妇女发展基金发出的“对针对妇女的暴力说不！”的倡议。

宁做三奶，不嫁穷人。

——出身农家上过大学的一女子在网上发帖如此宣称，3 天引来 70 多万高点击率，大部分网民持支持态度。

某官僚，对老婆说话：吃饭，睡觉；对小姨子说话：吃个饭，睡个觉；对美女说话：吃吃饭，睡睡觉；对小蜜说话：吃饭饭，睡觉觉；对老百姓说话：吃什么饭，睡什么觉!

——一个笑话。

我觉得两个人在一起好比两个咬合的齿轮，只要合规格就可以永远运转，而不是看齿轮的新旧度。

——中央美院 81 岁教授吴介琴与 50 岁网友蒋晓辉见面三天后闪婚。

我已经是大龄未婚女性了，得过且过。

——19 岁的少女作家蒋方舟说。

结婚成功最重要的原则，就是得要能够接受你后来发现的关系跟你当初想象的不完全一样。你得要能接受，而且得要能彻底地接受。这个观念是我累积了几十年的人生经验和教训得来的。

——杨振宁畅谈第二次婚姻。

“桥刚强”。

——有 40 年历史的四川简阳市沱江一桥地震后被确定为危桥，用了 380 公斤炸药爆破却依旧耸立，被网民称为“桥刚强”。

TOP10
¥ 2.90

科学证明：偷花者易患老（脑）溢血且半边瘫；偷花者的家人进医院肯定与偷花有关；如送回被偷的花可因祸得福。

——重庆市南坪一小区街口的超市外墙上贴的标语。

大棚把季节搞乱，小姐把辈分搞乱，关系把程序搞乱，级别把能力搞乱。

——网上流行的一个段子。

师奶：学名家庭主妇。……成熟期前外表较鲜艳，完全变态后多不修边幅，嗓大膀圆。觅食时甚具攻击性，超市特价战中所向披靡。

——《香港百年惊奇大百科》中对“师奶”的解释。

如果亚当和夏娃是广东人，我们人类可能就还住在天堂里，因为他们不会去吃苹果，而是吃那条蛇！

——一个笑话。

比如豆汁，可以直接译成“绿豆煮的汤”，但我们在考虑就把它译成“北京可乐”，这种翻译简短而又形象，可以借助可乐的意象让外国游客记住豆汁。

——北京“九门小吃”董事长侯嘉说，他们正在加紧翻译传统小吃的英文名称。

Translate server error.

——据称是石家庄高速公路服务区一餐厅的英文译名，意为“翻译服务器错误”。有网民分析说，估计译者想用网上字典查“餐厅”的英文，然后把出错提示当成译文了。

2008年11月，广州员村家乐福超市。在“过冬”的背景下，如何过紧日子的各种招数盛行。（图—阿灿/新周刊）

CHINA BEI JING AO YUN HUI。

——某山寨阿迪的标牌。

How are you？How old are you？——怎么是你？怎么老是你？

表妹——Watch sister

——汉英互译的爆笑例子，不过也可能是网民的杜撰。

Go Believe

——天津狗不理包子正式启用该英文店名。

宝贝，欢迎你加入大学城！

——广东高校如此欢迎首批90后新生。无独有偶，广西师范大学也打出类似的标语迎新。现在的80后、90后不分男女都称呼“亲爱的”、“宝贝”。

来一碗“混蛋”，再来个“麻婆媳妇”。

——关于老外点菜的一个段子，“混蛋”其实是馄饨。

千万别忘了，你曾经是3亿精子中的No.1，你曾经是3亿精子中的菲尔普斯，你能来到这个世界，这本身就是一个无与伦比的奇迹——你没有任何理由辜负这个奇迹，除非你心甘情愿做一个被生活侮辱和损害的人，除非你心甘情愿做一个30岁就死了70岁才埋的人。

——某人说。

这证明了中国人脱离农业社会不久。

—— 有人如此分析为什么中国人说话普遍嗓门大。在农业社会，田这头的人跟那头的人说话必须靠喊，于是身体里就有了嗓门大的基因。

我叫王伟，我的银行账号是 ×××，请速汇钱。

—— 凭借向随机的手机号码发送这样一条短信，广东一詹姓男子在两个月内敛财近 80 万元。

这是非法建筑，没有经过规划批准。

—— 昆明市东二环道路改造，一座有300年历史的寺庙被列入拆除之列，拆迁办的工作人员如此解释拆迁理由。

上班讲话，如果被发现，戴口罩上班三天。

—— 深圳一公司出台如此规定。

她，头顶纳米自洁帽子，脚穿德国进口耐磨胶鞋，配上上千万的“洞洞装”，若隐若现地勾勒出她婀娜、飘逸的身材。自她惊艳亮相开始，每天 27 个保安轮流守护。她不是国际巨星，而是一座豪华的人行天桥。

—— 深圳南山创业路中心天桥的豪华派头令人咋舌，但电梯却屡屡停运，步梯坡道只设单边，投入使用仅半年又要重新改造。

要想富，挖古墓，一夜成为万元户。

—— 山西石楼县的民谣。石楼是全国三个殷商出土地之一，“随意刨开一块黄土都有可能找到文物”，这个国家级贫困县也成为盗墓者聚集地。

从一定意义上讲，也是一种同行。——中国航天员科研训练中心副主任、航天员系统副总指挥杨利伟在被问及如果在太空遇到外星人将如何反应时，说会跟他们问好。（插图/谭正文）

子随父姓，女随母姓。

——复旦大学教授卢大儒从遗传学的角度提出兼顾男女双方姓氏传递的建议，认为这样可以淡化“重男轻女”的观念。

面积近34万平方公里的塔克拉玛干沙漠已经是自然界和地球版图上的“大墓地”，然而它不是一种蛮荒的无用，将它建成人类最大的土葬公墓，可谓物尽其用。安葬在塔克拉玛干沙漠的人将是有福的，因为这座公墓将呈现人类伟大的终极关怀和“死亡大同”。

——作家周涛如此建议。

中国人，有发票！

——有游客在欧洲旅游时夜逛红灯区，一群外国小姐竟然冲着他们用中文大声喊。

过60年，我的圆明园又是文物。

——因提出在横店建设圆明新园而成为众矢之的的横店集团创始人徐文荣如此表示了建新园的决心。

选奶粉我很挑剔，专业生产，品质保证，名牌产品，让人放心，还实惠，三鹿慧幼婴幼儿奶粉，我信赖！

——明星邓婕代言的三鹿婴幼儿奶粉广告词，三鹿毒奶粉事发后被网友挖出来猛批。

按照《礼记》的说法，清明节期间，正是提倡男女谈情说爱的好时节！

——清明节成为法定假期，重庆古代韵文专家熊笃称，要还清明节的“本来面目”。

养你的奶1000块钱一滴，你把170万拿来，我点了就走。咱俩谁也不见谁了。

——“北大博士殴打岳母”一事闹得沸沸扬扬，岳父表示，要脱离亲情“干脱”不行，要拿钱换。岳父给女儿的信中还说：“从生命的价值观来看，你永远欠我们的，还不起。我们住你的房，你还欠我们的。”

“喂”600元，点钞机都没个响动。送1000元的，只有嗤一声。只有送上两三千元，或者上万元的，点钞机才觉得自己有用武之地，多哼哼几声。光听听点钞机数钱的声音就知道这个礼大还是小。

——在浙江沿海一些县城，婚宴上送出的红包要过“双关”——点钞机和验钞机。

从小到大我都叫赵C，万一要改名字，我连自己究竟是谁都解释不清。

——中国首例姓名权案宣判，在换发二代身份证时被要求改名的江西大学生赵C胜诉，赢得保留本名的权利。

像我们这样用钳子剪断明锁的，也就算是个蓝领吧！人家技术开锁的才算是白领呢！

——长春市一小偷在审讯中如此交代。

兔子窝边草不吃，洞口草茂好掩护。义贼不偷寺庙物，一生平安佛保佑。

——广东顺德一古寺附近经常失窃，一名和尚创作了打油诗用以劝诫盗贼。

如果你没受过教育，请你至少有对人起码的尊重，不知道随便挂人电话没礼貌吗？没人求你学英语！像你这种没素质的人也不配到华尔街这种高档的学校来进修！

——北京一市民因挂断华尔街英语国贸中心课程顾问的电话，对方给他发来羞辱短信。

市容和狗不得入内。

——南京一家卤菜店张贴的标语，老板表示："要不是城管做过头，我也不会这样。"

衣冠勤售。

——郑州一服装店的店名，郑州工商管理部门认定该店名违规，要求服装店拆招牌。

内有坦克出入，压坏活该！

——四川眉山城区一门店贴出的告示，业主说他也是被门口乱停放的车辆给逼的。

如果我活到97岁，再看广州，我想可能越秀山会被拆掉，白云山只剩下一片云，山都不见了。

——为给2010年亚运会让路，广州拟拆掉有270年历史的天字码头，广州电视台《新闻日日睇》节目主播陈扬对此评论说。

文化·生活

（国际）

散步——这一相当古老的用两条腿前进的运动形式——恰恰应在我们这个有如此众多的其他更实用的交通工具的时代，成为一种特别纯粹的、解除了目的的享受。各种各样的交通手段会把你带到目的地……为了给自己的健康做点什么，你，都市里的现代人习惯于做一种所谓的步法。这和散步绝对没有一点关系，它是一种轻巧的锻炼，人们总是忙着做好动作……却搞得自己没有空暇散散步，并且悠闲地左顾右盼。但是散步既无用，也不保健。如果要做得正确，那么只能是为了散步而散步，就像歌德所言，它像诗歌一样兴高采烈，忘乎所以。

—— 黑塞

邮轮生活也许是每个人的梦想，在西方不乏退休后乘搭邮轮漫游世界的人。（图/TCS/IC）

咯吱咯吱，他滚蛋了！

——美国总统布什任期将满，美国出现了不少布什下台倒计时概念产品，这是一种名为“布什饼干”的狗粮的广告语。

我想要个控制核武器的男人。

——据说这句话是现任法国总统夫人卡拉·布吕尼在电视上第一次看到萨科齐时，脱口而出的。

噢，我喜欢这张！我能印一张吗？

——布吕尼与萨科齐交往之初就把当模特时拍过的裸照拿给他看，并说这些照片总会传扬出去。萨科齐如此回答。

萨科齐虽然贵为法国总统，但通过分析他一年多以来的行事方式和表现，可以发现他的心理年龄其实就像是一个处在青春期的叛逆少年。……他非常渴望自己能够被爱，他成为领导人就像青少年希望自己的身边总是围绕着许多貌美的姑娘。

——法国心理专家菲利普·格瑞伯特说。

我尤其不想申请这个国家的国籍。

——布吕尼在接受采访时提到了自己跟法国人的不同之处，虽然她因结婚而获得了法国国籍。

未经萨科齐授权的肖像并不构成对人类尊严的侮辱，也不是人身攻击，属于表达自由的权限范围内，体现幽默权。

——法国一家厂商发行了2万套以萨科齐为原型的“巫毒娃娃”并配以12枚大头针，供人插针以驱除霉运。巴黎高等法院驳回了萨科齐要求禁售的诉讼请求。

从字面意义上讲，柔道即“温柔的方式”，即可以花费较少但有效的努力获得成功，允许妥协和让步，但前提是为了最终的胜利。

——俄罗斯总理普京在教学片《跟着弗拉基米尔·普京学柔道》发布时如此解释柔道精义。“当我一踏上柔道垫，感觉就像回家一样”是他的经典名言。

如果梅德韦杰夫迷恋上了瑜伽，我国的瑜伽学校数量可能将会超过印度。在俄罗斯一切都是这样。如果国家元首有某种爱好，那么它就会变成全国人民的爱好。

——俄罗斯总统梅德韦杰夫迷恋瑜伽，俄罗斯政府一位官员如此说。

如果我没买，阿拉伯人也会买走。

——意大利总理贝卢斯科尼决定购置一栋别墅，他回应批评说此举是为了保护本国历史。

嫁个百万富翁对你而言是最佳出路……

——贝卢斯科尼在一次电视访谈中对陷入困境的24岁女学生这样说，引发争议。

那是我特有的古怪习惯。

——美国国务卿赖斯说她每天早上4点半就起床锻炼身体。

英国社区事务大臣露斯·凯利，急需一件合身的胸罩以及一个电熨斗。衣服太宽松了。

——英国《每日邮报》一方面赞扬法国女政治家在为迎接以色列总统佩雷斯举行的国宴上衣着出色，一方面刻薄抨击本国女政治家不会打扮。

المؤمنين وذريته و
إنك حميد مجيد

不需要去炫耀肌肉，但也能让别人感受到其力量的优雅男人。

——意大利著名服装品牌范思哲推出一款以奥巴马为灵感的服装，其设计总监如此评价奥巴马。

似乎什么人都能上脱口秀！

——希拉里笑谈爱美国的“十大”理由，此为排第一的理由。

我是循环再利用理念的忠实信徒，连地毯都会翻用。

——现在衣着得体干练的希拉里也有衣着失败的时候，2000 年她参选纽约州参议员时以一件大红大绿的长褛出现，之后她这样自嘲。

麦凯恩是个自傲的独行侠，希拉里是个不能忍受笨蛋的效率追求者，而奥巴马虽然跟谁都处得来，但又很重隐私。

——美国笔迹专家通过笔迹分析三位总统候选人的性格。

我的婚姻结束的原因是：他不愿意当个 40 岁的人，他要过 25 岁般的日子。

——美国共和党总统候选人麦凯恩的前妻卡罗尔说。1980 年她和麦凯恩离婚仅仅一个月后，他便和比他年轻 18 岁的辛迪结婚。

文章需要明确，以具体内容说明麦凯恩参议员如何定义在伊拉克的胜利。文章还需要阐释取得胜利的具体计划，包括兵力、时间表，以及争取伊方合作措施等等。

——麦凯恩写评论，被《纽约时报》打回要求重写。

在理想的第三世界首都，不同肤色的临时居民应该和本地人的生活融为一体。海牙是这样的第三世界首都之一。（插图/谭正文）

首脑和那些即将成为首脑的人，都希望自己看上去像一个真正的领导者，因此潜意识中试图摆出一个类似雕像的姿势。很显然，抬起手臂、昂起头的姿势无疑比光是站在那里显得更加具有活力。

——英国沃里克大学社会心理学家马丁·斯金纳博士从心理学的角度解释为什么欧美政客在拍照时喜欢摆出手指天空的姿势。

我们美国人是特殊的、被上帝选中的民族——我们是当代的以色列人，背负着世界自由的约柜。

——作家梅尔维尔在探险小说《白外衣》中说。特德·威德默推出新书《自由的约柜》，回顾美国的外交政策史，书名即来自梅尔维尔这句话。

我希望自己成为一名体操运动员，征服平衡木的旋转和跳跃艺术。

——德国总理默克尔谈退休后的打算。

有一次，当他亲了我之后，他说，我比微波炉的土豆还要"美味"。

——芬兰总理马蒂·万哈宁前女友、36岁的苏珊·库罗伦在《总理的新娘》一书中披露隐私，引起诉讼。

方便面不仅为日本而存在，也为世界和宇宙而存在。

——日本前首相小泉纯一郎在大阪市举行的"世界拉面峰会"上表示。

观光业不过是国家卖春业。我们不需要更多观光客，他们只会糟蹋城市。

——英国女王伊丽莎白二世的丈夫菲利普亲王在出访时如此说。

我休息时的唯一活动就是吃东西，吃东西变成我最大的乐趣。因此，把周围可见的食物塞满嘴巴变成了习惯，汉堡包、朱古力、薯片、炸鱼薯条等大堆的食物……直至要呕吐为止。

——英国前副首相约翰·普雷斯科特在自传中公开承认自己曾因工作压力患上暴食症达 17 年之久。

有一次，我在伦敦的一家礼品店相中了一条项链，但是店家却不肯卖给我，说是被另外一个买主预订了。没办法，我只能买下整个商店。您说，这也是浪费吗？……这是我自己的事，我是在花自己的钱。

—— 自菲律宾前总统马科斯被赶下台后，现年 79 岁的马科斯夫人首次打破沉默，接受俄罗斯《论据与事实》周刊特约记者的专访。

一个伟大的国家，就像一位野心勃勃的女主人，无法邀请失败者参加她的宴会。

—— 基辛格还在美国国务卿任上时说。上流社会的法则之一就是：结交比自己更富有、更有影响力的人，不要对无法给你任何帮助的人产生兴趣。

我生活在虚拟世界里，学会了用不真实的视角看周围的一切，按照大人的意愿装扮自己。除了展示真实的自我，什么角色我都扮演过。

——美国前总统富兰克林·罗斯福的外孙柯蒂斯讲述白宫生活。

希望借漫画让孩子了解联合国这个复杂的机构，了解国际合作的意义，并让他们看到世界一些地区面临的问题。

——联合国与美国奇迹漫画制作公司合作出版一本漫画书，主题为“联合国与蜘蛛侠共同拯救世界”。

巴黎乔治—蓬皮杜文化中心。（图—张海儿/新周刊）

我强烈地感觉到快乐与和平、民主密切相关。丹麦虽不是最发达的国家，但是它很繁荣。快乐的决定性因素就是人们选择生活方式的自由度。

——美国一项针对52个国家的35万人的长期调查显示，丹麦是世界最快乐国家。项目组织者密歇根大学政治学教授因格尔哈特说。

我们所知道的，就是这个家伙有一个梦想。但是我们不知道那个梦想是什么。

——布法罗大学教授亨利·泰勒说，美国人把马丁·路德·金的话想得太单纯了。

如果说世界上有这么一个人，他杀死了自己的父母，又跑出来扮孤儿乞求怜悯，那这个人就是格林斯潘。

——2008年度诺贝尔经济学奖获得者保罗·克鲁格曼在《纽约时报》专栏中曾这样骂格林斯潘。

拉动美国经济这个热气球上涨的有四条绳子，第一条是房地产热，第二条是信贷扩张，第三条是高就业，第四条是低通胀。如今四条绳子中已有三条断掉，唯一剩下的就是也开始嘎嘎作响的高就业这条绳子。

——瑞士信贷亚洲首席经济分析师陶冬如此描述美国经济。

次贷危机开始变成一项大问题——对有钱人尤其如此。就像通过喝酒、赌博或者性生活宣泄感情一样，只不过是换成用奢侈的家庭度假、奢华服装或美食来替代——挥霍金钱成为嗜好，帮助人们掩盖真相。一旦失去了金钱，你就得直面现实，针对你的指责也开始满天飞。

——次贷危机引发资产严重缩水，美国富豪离婚案激增。

只有在退潮的时候，你才能看出哪些人不穿裤子就下水了。

——“股神”沃伦·巴菲特在接受美国 CNBC 电视台采访时给美国经济打上“衰退”标签。

这次不是“中场休息”。

——投资家索罗斯指出，全球股市长达 60 年的大牛市已经结束。

现金比你妈妈更重要！

——著名风投红杉资本（Sequoia Capital）在致旗下公司首席执行官的信中说。投资过谷歌、苹果等公司的红杉告诫企业家“要像花最后一块钱那样对待每一分钱”。

在今年卖掉中国公司股票的人，将会像在 1908 年卖掉美国股票那些人一样后悔。

——投资家吉姆·罗杰斯表示，现在 A 股只要跌他就会买。

该计划（降薪）是在员工间建立内部纽带，使他们朝同一个方向努力的一种出色方式。

——里昂证券亚太区市场首席执行官乔纳森·斯隆谈及属下员工自愿减薪之举。

我们熟悉的资本主义正在死亡，卡尔·马克思对不受约束的资本主义的批判正在得到确证。

——路透社专栏作者贝恩德·德布斯曼在文章中这样说。受金融危机影响，马克思的《资本论》在德国重新畅销。

如果 18 岁或者 20 岁时就借了钱，那我可能已经破产。

——巴菲特劝年轻人理财的最好办法就是尽量少用信用卡。

如果你去年买了1000美元达美航空的股票，你今年只能剩下49美元。如果是房利美，你最初的1000美元只能剩下2.5美元。如果是AIG，你剩下的会不足15美元。但是，如果你一年前买了1000美元的啤酒，喝光了它们，然后把喝剩的易拉罐送去回收站，你最后能换回214美元。根据上面的事实，目前最好的投资策略是猛喝啤酒，然后回收易拉罐。

——一则关于投资的笑话。

问：投资银行家和鸽子有何区别？

答：鸽子还能在一辆宝马车上留点“记号”。

问：我想开一家小公司，如何做到？

答：简单。买一家大公司，然后等着它资本缩水。

——路透社刊出的诞生于金融危机中的“冷”笑话。

我们的挑战就是设计出一个新的制度体系，让利润和知名度这样的市场激励发挥作用，使企业更加倾向于为穷人服务。我把这种想法称为创新型资本主义。

——比尔·盖茨在达沃斯论坛上说。

如果单纯从赚钱角度来看，当水管工可能赚更多的钱。

——“9·11”后美国航空业缩减，飞行员薪酬被裁减3成或以上，财务策划师格罗根如此评价飞行员的经济状况。

当事情糟透时，以另一种方式呈献，或许是一个可以博君一笑的机会。

——美国《花花公子》杂志推出“华尔街玩伴女郎”专辑，为由于金融危机而失业的女性白领找寻新的出路。该杂志图片编辑科尔如此说。

纽约一群动物保护主义者将自己彩绘成M&M's糖果的颜色，抗议该公司在动物身上做实验。（图/IC）

你也许会发现三陪服务有点像房地产中介，即便是严重的需求冲击往往也不会降低费用。你会发现自己工作时收入很高，但常常没有工作可做。你可以用空出的时间进行学习或者找一份兼职。对于房地产中介，我也会给出一模一样的建议。

——美国经济学家教三陪小姐如何应对金融危机后的需求骤降。

这是饥荒的新面孔。

——联合国世界粮食计划署执行干事乔塞特·希兰警告说，全球主食价格的上涨可能将持续到 2010 年。

面包正在失去其主食的地位，大米取而代之，问题就这样产生了。

——埃及谷物理事会主席萨拉夫·埃尔丁如此解释全球"米荒"的原因。

如果具备了虫类食品的制造技术，也许虫子就会像面粉一样，成为人类的食物。

——联合国在泰国举办会议，提倡将昆虫作为食物。经常食用昆虫的德国生物学家 V.B. 迈耶 - 勒乔在会上这样说。

对书商们而言，这场危机也许还是个机会，他们可以借此重塑自己的社会角色——他们以非常非常便宜的价格，提供着快乐和知识。

—— 欧洲书商联盟主席弗兰·杜布吕尔（Fran Dubruille）说。有理论认为，经济越不景气，图书业越有活力，因为悲观的读者往往到书中寻找慰藉。

我知道圣诞老人是中国人，因为每个圣诞节早晨，当所有的礼品包装被拆掉后，我都会仔细地看一遍，看看它们是哪儿制造的。结果几乎一成不变：大约有 70% 来自中国。

——美国地球政策研究所所长莱斯特·布朗在香港《亚洲时报》发表文章，题目是："圣诞节是中国制造的"。

要是你关心人类生存状况，那就会认为，中国富一点真的更好。

——比尔·盖茨在有关企业慈善事业的研讨会上说。

要是我能拿到这个工程的砖头的订单就好了。

——沃伦·巴菲特再次成为世界首富，这是他在游览长城之后的唯一一句评价。

人生就像滚雪球，重要的是找到很湿的雪和很长的坡。

——《滚雪球：沃伦·巴菲特和他的财富人生》被誉为2008年度最重要图书，书名出自巴菲特说的这句话。但更多人愿意把它理解为“财富就像滚雪球”。

我不是那种别人买了400英尺长的游艇，自己就想买405英尺长游艇的人。

——巴菲特讲述自己的投资心得。

盖茨的复出几乎是不可能的，他不是一位永远不放权的老板。

——2008年6月27日，微软公司创始人兼董事长、52岁的比尔·盖茨结束了他在微软的全职工作，正式交棒。美国CGC咨询公司首席执行官约翰·查林杰如此评论。

他强大、聪明，是男人和女人心目中最闪耀、性感的领袖。真不敢相信，他从来不肯花7美元剪一个更好的发型。

——比尔·盖茨在退休前推出了描述自己最后一天上班的视频，还请来众多大腕友情出演。NBC新闻主播布莱恩·威廉姆斯出演的角色是播报盖茨“最后一天”的晚间新闻，在“播报”中他这样评价盖茨。

所有生命，不管在哪里度过，都具有同样价值。

——比尔及梅林达·盖茨基金会的宗旨。

他是个可爱和调皮的人，很像天线宝宝。

——曾任微软中国总裁的唐骏如此评价比尔·盖茨。

口头上说说是无伤大雅的，但要嘲弄规则，代价就昂贵了。

——欧盟委员会竞争事务委员 Neelie Kroes 说。欧盟对微软再次开出创纪录的 8.99 亿欧元罚单，至此罚款总额已达 16.76 亿欧元。

穷人最需要的技术是种痘，而不是电脑。

——退休后从事慈善事业的比尔·盖茨说。

我个人认为有一些公司的高管薪酬水平已经到了不道德的程度，不管是几千万的工资还是二三亿的工资，有时从个人对企业贡献的角度来说，可能不值这些钱。

——世界银行副行长法耶泽尔·乔杜里在上海国家会计学院演讲时说。

传闻说本州每天诞生一个百万富翁。

——近年来由于国际油价高涨，美国国内的石油开发也红火起来，北达科他州的不少农民靠出售石油开采权成了百万富翁。北达科他石油委员会负责人罗恩·内斯这样说。

華
中
汉字
风水
活字印刷

或许现在应该穿“两件外套而不是一件”。

—— 英国煤气公司下属的天然气部门 5 年内 7 次提价，涨幅 19%。该公司常务董事杰克·乌尔里克如此建议（1977 年石油危机时，当时的美国总统卡特呼吁美国人穿上一件外套以节约能源），遭到口诛笔伐。

夫妻双方都和贷款结了婚。

——2008 年 5 月以来，西班牙因经济低迷，离婚率较 2007 年同期减少了 30%。心理医生阿吉拉尔如此指出。

地球环境恶化就像是一架刚刚起飞的飞机。现在这架飞机不仅没有降下来，而且还在不停地加速。

—— 欧洲环保总署署长 Jacqueline McGlade 女士接受中国记者专访时表示。

世界上最贫穷和最脆弱的人们对气候变化的责任最小，但却要承担气候变化带来的后果。

—— 联合国前秘书长安南在全球人道主义论坛上如是说。

在这个星球上，每个人都想吃得像个美国人。如果他们真这么做的话，得多出两个或三个地球才行。

—— 位于芝加哥的农产品咨询机构 AgResource Company 总裁丹·巴斯说。

在现实生活中，你被鲨鱼吃掉的几率跟两次彩票中奖差不多。

—— 加拿大学者弗朗切斯科·费雷蒂认为人们应该保护鲨鱼而不是害怕它。有研究报告称，在过去 200 年中，由于过度捕捞，地中海鲨鱼种群的数量减少了 97%，严重影响海洋生态平衡。

一个整容技术发达的民族，总想为其干瘪的历史隆胸！——“孙中山是韩国人”的假新闻被炒得沸沸扬扬，一网民如此评论。韩国人不仅计划为汉字、风水、端午申遗，活字印刷术、浑天仪、豆浆等中国人熟知的发明，甚至是麻婆豆腐，韩国人也说是他们发明的。（插图/谭正文）

穷人真脏，他们污染环境。

—— 法国一家汽车租赁公司鼓励人们租用环保汽车，其广告语犯了众怒。有人反驳说：为什么不说“富人真脏，他们的四轮驱动越野车污染环境”呢？

在参加聚会时，系一条用消防灭火带制成的可回收腰带要比戴一件昂贵的名牌首饰更能吸引人们的注意。

—— 在德国，“有机生活”已成为市民追求的时尚。

我们必须让人们意识到，这样做不合潮流，这就像我们对待吸烟一样，我们需要开展一场类似的运动，让大家明白这种行为是错误的。

—— 英国政府负责资源管理的官员蒂姆·朗如此评价喝瓶装水的做法。英国一份研究报告指出，喝一瓶瓶装水对环境所造成的不利影响相当于驾车行驶一公里。

一家企业在加班时间和员工年龄上造假、向河流中排放肥料和化学物质、不缴税或不履行合同——最终也会在产品质量上造假。

—— 沃尔玛首席执行官李斯阁（Lee Scott）在北京向 1000 多家采购商表示将提高产品采购的环保门槛。

（星巴克每天浪费的水量）足够干旱的纳米比亚 200 万人口的日常用水量，也可以每隔 83 分钟就注满一个奥运会游泳池。

—— 星巴克连锁店的所有水龙头在营业时间里都一直开着，旨在防止水龙头滋生细菌。英国《太阳报》经过调查后如此估计。

在澳大利亚大部分有人居住的历史中，袋鼠是主要肉食来源，这段时期长达 6 万年。

—— 澳大利亚政府气候转变顾问加诺特教授建议，澳大利亚人应该改吃袋鼠肉而少吃牛羊肉，这样有助于改善气候变暖。

户外晒衣在许多人眼中是一道亮丽、感性和充满怀旧色彩的风景线。

—— 美国小区和业主委员会通常严禁住户在室外晒衣服，仅三个州明确规定居民有户外晾衣权。环保人士发起运动争取室外晾衣权。

有太多的好奇心，是下等阶层的标志。你将会被误认为是一个旅游者或一个侍者。

——《名流》一书揭秘上流交际圈的潜规则，作者 Lewis Lapham 是美国《哈泼斯》（***Harpers***）杂志总监。

一般而言，谈论环境是一个不错的话题，比如，环境像蜂鸟的翅膀一样脆弱。此外还可以谈论媒体，比如媒体总是误导民众。还可以谈论首都华盛顿的政治，比如腐败已经不可救药。当然也可以谈论棒球，比如，与马球相比，棒球这种运动要更为民主。谈论艺术时，要记住，艺术只是内心世界的一种装饰。当谈论金钱时，要说它是神圣不可侵犯的。如果聚会主人说他喜爱胡萝卜，那你就要提一提彼得兔和康涅狄格州的花园。

——《名流》一书中对如何在上流聚会中展开话题提出建议。

我们将会继承信托基金，继承汉普顿的大房子，继承毒品上瘾的处方，可快乐，从来就不在继承清单上。

——热门美剧《绯闻女孩》（Gossip Girl）中的一位花花公子这样说。

设计大师伊夫·圣洛朗2008年6月去世，图为他1969年和朋友在他新开张的伦敦专卖店门口留影，身着YSL的新款狩猎装。（图/IC）

在纽约只有两条路走：要不卖胳膊卖腿送你的孩子去私立学校，在那里他们学会了买贵衣服，攀比富爸爸，也学会了拉丁文，会背诵济慈，能熟练应用运算法则；要不然就送他们去公立学校，还没等学会什么，就被某次校园暴力给枪杀了。

——《绯闻女孩》原著作者塞西莉·范·姬格萨说。

我很少把他看作一个男人。更多情况下，我把他看作是必须利用的一件东西。

——曾当选美国小姐的贝丝·梅尔森在提及第二任丈夫时说。

超群的智慧并不是最必要的。太丰富的想象，太充裕的智力，太显著的聪明，太流畅的雄辩，如果不受到可靠的适度感的平衡，通常会弄巧成拙，非但不能促进成功，反而可能阻碍了成功。真正的上流人士绝对倾向于回避这些品质。

——已故的保罗·科拉维斯说。他是纽约著名的凯威律师事务所的创办人。

如果想要当一个"比较有钱"的英国人，起码需要 580 万英镑。这笔钱可以购买一栋豪宅，一座度假别墅，一辆顶级车，也许还能雇上几个仆人。

——英国经济与商业研究中心一份调查显示，在英国至少要有 580 万英镑以上才算富豪。

每个俄罗斯母亲都喜欢用的老办法，多喝水，多吃草莓酱。

——俄罗斯第一所"百万富翁医院"的医生如此回答"准备怎么治"一名患感冒的富翁。这所医院全年身心检查服务标价 100 万美元，一次付清。其院长声称，如果富翁们一夜能花掉 100 万美元，医院就能让他们花 200 万美元接受一次治疗。

我们根据你的私人要求而工作。

—— 俄罗斯 Expobank 银行安排年轻貌美的高级女职员拍摄“裸体挂历”，许多贵宾客户收到这份礼物后，惊得目瞪口呆。这是挂历中的一句广告语。

今天，俄罗斯人是最有钱的客户。

—— 英国售价 600 万英镑以上的豪宅，有 20% 是在俄罗斯富豪们的名下，一房产公司经纪人说。

我们最欢迎像山西煤老板这样的有钱人，他们有钱却缺乏专业理财知识和投资渠道。

—— 一位华尔街银行家透露，已在纽约设立专门为中国富豪提供私人资产管理服务的部门，服务的门槛是 500 万美元。

清晨起床，洗脸漱口，我用的是阿尔卑斯山的雪水；楼下餐桌上刚从荷兰奶牛身上挤出来的鲜奶充满着诱惑，旁边还有抹着一层西班牙鱼子酱的俄罗斯黑面包；吃完早餐，我乘上私人飞机到地中海上的小岛游泳；半小时后，我走上 200 英尺长的游艇——那是我的更衣室；随后，我换乘另一架飞机到圣莫里茨山滑雪，再去巴黎吃顿午饭，顺便开个会……

——一位网民对上流社会生活的幻想。

（米其林）美食侦探和间谍不一样的地方在于，至少比间谍吃得好。

—— 米其林红色指南 2008 年推出香港、澳门专辑。其美食侦探一向被神秘化，在有些媒体的渲染下甚至有间谍的范儿。

60 度和 61 度下煮出来的鸡蛋味道相差悬殊。

—— 据说是未来烹饪书中将出现的词句，因为现在流行精确的化学实验室式烹饪法。

热量强化者。

—— 按照“政治正确”的要求，胖子要被委婉地称为“热量强化者”，同理，个子矮的人要称“小尺寸人”，盲人要称“视觉不便者”，避免伤害他人感情。

不断增加的肥胖率不应被视为生理现象，而应被视为一种社会现象。

—— 英国沃里克大学的安德鲁 · 奥斯瓦尔德说，经常与肥胖者交往增加了变胖的可能性。

大多数人都理解不规律的饮食及缺乏锻炼会造成健康问题，但是许多人也许没有意识到体重超标会令他们的保险费用更加昂贵。

—— 英国最大的保险公司法通公司拟对身体质量指数（BMI）达到 30 的人上调保险费用，可能涉及 13% 的新客户，金额可达到保费的一半。其他保险公司也打算跟进。

坐进没有顶棚的飞机飞行半小时，不用说，还得找个没宿醉的人控制仪器才行。

—— 英国作家金斯莱 · 艾米斯在《日常饮酒》一书中对消除宿醉的建议。

男人应该能够换一次尿布、跑一次马拉松、造一所房子、写一本书、欣赏优美的音乐和在宇宙中飞行。

—— 曾在“和平”号空间站生活了 132 天的美国宇航员杰瑞 · M. 利宁杰这句话为全世界男人树起了一个生活方式的标杆。

但愿像人类一样，它们（外星人）也觉得我们的薯片美味无比，想尝尝味道。——英国快餐制造商“立体脆”投资15万英镑，委托英国莱切斯特大学和欧洲非相干散射科学协会（EISCAT）向距地球42光年的大熊星座播放一则30秒的广告。该项目负责人彼得·查尔斯如此表态。（插图/谭正文）

Taikonaut。

—— 以“太空”的汉语拼音“taikong”为词根新造出来的该英语单词被收入主流英文词典，“专指中国航天员”。据说该词是 1998 年由马来西亚籍华人科学家提出来的。

走着走着，星星开始跃进视野，一颗卫星从我头顶飞过，这种感觉太美妙了。

—— 美国女宇航员惠特森描绘自己太空行走的情景。

其实也没有什么可激动的，当时就是想，该干活了。

—— 1984 年 7 月 25 日，苏联宇航员萨维茨卡娅从“礼炮 7 号”空间站实现太空行走并进行维修操作实验，成为第一位漫步太空的女性。

我当时的身份使我刚好有特权接触到一些事实，不明飞行物这一现象是完全真实的，外星人曾拜访过我们的星球。在过去的 60 多年的时间里，这都被我们的政府故意掩盖起来。

—— 美国“阿波罗 14 号”登月宇航员艾德加 · 米切尔如此宣称。

一个未经证实的说法是，火星的防空系统太棒了。

—— 2008 年迎来 50 岁生日的美国航空航天局（NASA）曾经历不少如“火星极地登陆者”号探测器意外坠毁等乌龙事件，历史学家史蒂文 · 迪克对探测器的意外坠毁如此自嘲。

韩国一定要登上月球，即使是抱住美国的一条“大腿”。

—— 韩国《朝鲜日报》发表评论员文章称，被称为“韩国首位宇航员”的李素妍只是“太空飞行参与者”，而不是真正的“宇航员”。

种种条件真是天上少有、地下无双。

——韩国网民对年轻漂亮学历高，还是跆拳道高段和大学摇滚合唱团主唱的韩国女宇航员李素妍这样赞美道。

科学家们需要了解，在没有地球引力的情况下，性关系在多大程度上是可能的。传统做爱姿势，即传教士式，在地球引力条件下可以轻易实现，但在太空却是不可能的。

——科学家说太空性爱面临技术难题。

无论是美国地质调查局还是加州理工学院或者任何其他科学家都没有预报过一次大地震。在可预见的未来他们不知道如何预报，并且也不打算知道。

——美国地质调查局网站上对于“人类能够预报地震吗”这一常见问题的答疑。

蚂蚁的世界完全不是一种社会合作的模范，它充斥着诈骗与腐败——不择手段达到顶端（成为蚂蚁女王）。

——利兹大学和哥本哈根大学的科学家的一项研究发现。

如果你是约翰·厄普代克、菲利普·罗斯、康·德里罗、乔伊斯·卡罗尔·欧茨，就不用操心电话账单的事了，反正下周也没有斯德哥尔摩来的电话。

——美国作家再次与诺奖无缘，这是查尔斯·麦克拉斯在《纽约时报》文章中的一句话。

做书比做人更安全，因为书至少会有一本幸存下来，保存在某个遥远的国度，某个遥远的图书馆。

——以色列著名作家奥兹在接受美国《新闻周刊》杂志采访时说，他儿时的梦想是长大了变成一本书。

书经历了550多年的技术演进，完全为适应距离眼睛和处理信息的大脑的那4到5英寸而设计。这是一台高清晰扫描仪，可以在1秒钟内扫描5个对象，在20毫秒内从对象间移动，而且可以持续几个小时这样做。

—— 曾深入研究人的阅读模式的微软电子阅读部门的比尔·希尔说，目前的电脑屏幕不适于阅读，因为人眼的结构与功能决定了书仍然是最适合人们阅读的载体。

他的墓志铭或许正如所愿："他从来没有长大，但他从未停止过生长。"

—— 著有"太空漫游"四部曲的亚瑟·克拉克于2008年3月18日逝世，这是《经济学人》杂志刊出的讣闻的最后一句。

他想在夏天死去，他死在了夏天；他想在家里死去，他死在了家里……

—— 2008年8月3日，俄罗斯作家、1970年度诺奖得主索尔仁尼琴在莫斯科病逝，享年89岁。他的妻子这样说道。

那个姑娘看了他一眼，眼神足可以戳进他的身体，再从后背透出4英寸来。

—— 侦探小说作家雷蒙德·钱德勒的小说中的句子。他的侦探小说2008年引进中文版。

青春这个词是一个单纯的、只要说到年龄，什么都不必多想就会自动走出来的词。

—— 山崎纳奥可乐短篇小说《膨胀的话题》中的句子。

生命只不过是个长长的雨天，而身体是一把给这天用的雨伞。

—— 一本题为"一把雨伞给这天用"的德国小说中有这样的句子。

意大利那不勒斯的一个老街区，离但丁广场不远。不像在中国，在国外看不到假古董。（图—张海儿/新周刊）

他们相信欧洲人发明了一切，相信欧洲人首先发现了美洲新大陆，这纯粹就是在做白日梦。

——著有《1421：中国发现世界》的英国人加文·孟席斯推出新著《1434：一支庞大的中国舰队抵达意大利并点燃文艺复兴之火》，再次提出惊人之论，认为西方的文艺复兴运动应该归功于中国人，并宣称达·芬奇"抄袭"了中国人的发明。

目前，孔子的很多教诲仍在为我指引方向。

——联合国秘书长潘基文表示，他的一生一直受到孔子和孟子思想的影响。他的钱包里放着一张特殊纸片，上面摘录了《论语》中的名句。

我满怀欣喜地看到，在10万现场观众、全球40亿电视观众面前，在法、英、中三门语言中，法语被首先使用。

——法国前总理拉法兰说，北京奥运开幕式证明法语并未过时。

你如何来取悦一个无聊的法老？让身着渔网的妙龄女子们登上一条船，顺尼罗河航行，再请法老去钓鱼。

——英国伍尔夫法普顿大学研究人员归纳了"十大最老笑话"，这则埃及笑话于公元前1600年出现。

如果我在一段时间内写一两篇正面一些的中国报道，总部还能接受。但是如果连续在文章中说中国的好话，总部就会直言不讳地骂我是疯子。

——一家德国主流媒体的驻华记者埃尼说。

各国人口的增长丝毫没有带来艺术的增长，所增长的只是可以用来生产和包装艺术替代品的熟练手腕。

——作家雷蒙德·钱德勒的这句话在今天听来仍然堪称洞见。

我请了我的香肠们来烤肉。

——出自一本名为《城市词汇》的新书，由法国一群年龄在19～25岁的年轻人历时3年合作编写，收入241个法国当下城市年轻人热衷的词汇。“香肠”指朋友。

我们发现，身体娇小苗条，腿长而匀称，胸部丰满的女人对异性最有吸引力。

——英国布鲁内尔大学威廉·布朗博士领导的一项研究如此发现。

要么结婚，要么离职。

——伊朗一家大型国有企业强迫雇员成家，并向单身雇员发出以上的最后通牒。理由是：结婚是衡量雇员是否合格的标准之一，可确保员工不受众多异性的诱惑。

我想新加坡和世界其他地方不一样，我们不得不教育年轻人：恋爱是一种生活方式。

——新加坡出生率连年偏低，鼓励公民谈情说爱已经成为“国是”，婚介服务机构“浪漫新加坡”经理安德鲁·周这样说道。

对于男性来说，娶错人比不结婚还恐怖10倍。

——49岁的卡尔·韦尔斯曼在新书《你为什么从不结婚？》中通过对1533个男性的访谈，得出这个结论。他自己也是一个单身汉。

经济学家统计，做爱从每个月一次增加到每周一次，所带来的幸福感，相当于一般美国人年收入增加 5 万美元的幸福。

——美国作家丹尼尔·亚蒙在《满脑子都是性感》一书里倡导多做爱。

如果女人必须戴乳罩的话，那么男人也应该同样。

—— 瑞典“裸胸游泳运动”积极分子萨娜称，她们要求在公开场合袒胸露乳，因为“这是个男女平等问题”，女性的乳房不应过多带上性色彩。

我永远不会变成成熟的女人。我只要成为可爱的女人，然后就直接变成老女人。

——“马丁·贝克刑事档案”系列小说中，主人公马丁·贝克 16 岁的女儿这样说。

女人间的友情像保险套，说是很轻薄，买回来还发现挺厚；一用起来，马上就会破掉，结果还是一无是处。

——日剧《墩布女孩》中的男主角说。

从理论上来说，男性都是基因变异的女性。

—— 英国牛津大学人类遗传学教授布赖恩·塞克斯称，男性只是女性遗传基因变异的产物，男性独有的 Y 染色体终将彻底失去功能，因此，大约 12.5 万年之后，男性也许将在地球上灭绝。

我要一个像普京的男人，不喝酒、不伤害我、不会落跑。

—— 俄罗斯一个辣妹组合一首歌的歌词。俄罗斯男女比例失调，有人形容“不管什么样的男人都有人抢，约会还可以让女孩等很久”。

阿根廷首都布宜诺斯艾利斯博卡区卡米尼托街上的探戈舞者。足球和探戈是阿根廷的两张名片。（图/Michel Setboun/DragonImage）

失恋的时候，每个人都需要请假，就像生病时一样。

——日本一家公司允许员工申请“心碎假”，24 岁或以下的员工每年能休一天，25 岁至 29 岁两天，29 岁以上三天。

随便找 100 个俄国男人，里面会有 10 个同性恋、30 个酒鬼、10 个毒虫、20 个阳萎，最后只剩下 30 个可追。但是随便挑 100 个俄国女人，里面会有 90 个美女。游戏就是这么不公平。

——俄国出版业提供了一系列教战手册，指导女性如何钓得金龟婿。钓到一名制造业大亨的葛露索娃如此说。

身高必须有 178 公分，长相俊美，蓝眼睛，深褐色头发，体重 80 公斤左右，中等身材，没有胡碴儿，拥有大学学历。

——英国一交友网站根据调查结果得出英国女性心目中的理想伴侣形象。

生于 1971 年，职业是医生，年薪 2 亿韩元，身高 1 米 8，体重 72 公斤，父母的财产达 20 亿至 50 亿韩元之间，其他兄弟是律师，血型是 B 型。

——韩国一婚姻中介公司针对 3 万名会员的个人资料进行分析打分，拥有以上条件的男子获得了最高分 98.3 分。

具有自嘲式幽默感的男人是女人最渴望的性伴侣。

——美国新墨西哥州大学一项调查研究的发现。不过，该项目首席研究员吉尔·格林格斯也提醒说，“这种增添魅力的高风险方式不见得适合每个人”。

虽然是“半路出家”的爸爸，但希望你允许我成为真正的爸爸。

——日本“全国求婚词大赛”最佳求婚词，求婚对象是一名单身妈妈，撰写者是一位名叫高桥的男士。

为提高健康而鼓励结婚是个误导。相反，结婚会提高婚姻破裂的风险，和过去 30 年相比，现在婚姻破裂对健康更为不利。

——一项新研究显示，已婚和未婚人士的健康差距在缩小，尤其是男性。密歇根州立大学的一研究员如此表示。

俄罗斯是世界上最漂亮女性的祖国，仅在莫斯科地铁里遇到的美女数量就比在美国全国遇到的多得多。

—— 著名的《游客文摘》杂志公布了男性游客心目中的世界十大美女城市排行榜，荷兰的阿姆斯特丹居首，俄罗斯首都莫斯科位列第五。

如果他（乔治·克鲁尼）名为瑞安·克鲁尼，可能会更受影迷欢迎。

—— 英国心理学家理查德·怀斯曼的研究成果表明，名为瑞安的男性和名为索菲的女性最具吸引力，名为詹姆斯和伊丽莎白的人容易获得成功。

我问了问“老大”（上帝）能不能偷偷溜回来寄几张贺卡。他开始不同意，但在我的坚持下他最终同意了，对我说，“好吧，管他呢，去吧，但别在那里停留啊”。真希望能跟你讲讲这里什么样，可惜词穷难表达。

—— 美国俄勒冈州的切特·菲奇生前颇具幽默感，2007 年圣诞节，在他去世两个月后，他的亲友们收到了以他的名义寄来的贺卡。20 年前，菲奇就开始和自己的理发师帕蒂·迪恩准备这个恶作剧。

佛教也可以很“酷”，寺院也不仅仅是举行葬礼的地方。

——东京筑地本愿寺举行了时尚尼姑时装秀，通过走时尚路线来弘扬佛教。

宛如置身埃舍尔的版画中。

—— 一位旅客这样评价巴黎戴高乐机场。戴高乐机场被认为是仅次于伦敦希思罗机场的欧洲最烂机场，机场标志不清不楚，找不到登机口是常事。

在赛季来临前来俄勒冈做个结扎术吧，这里适合自行了断。

—— 俄勒冈泌尿专科医院在美国大学生篮球联赛（NCAA）开赛前打广告劝导男人“自行了断”，这样就有理由待在家里看球而且还被伺候得舒舒服服的了。

能杀了你的三明治。

—— 黎巴嫩某军事主题餐厅的广告语。该餐厅老板和服务员全部着军装，菜名也是“恐怖分子”、“AK-47”之类。

书包本身重量不能超过 0.5 公斤，加上书本总重不能超过 2 公斤。

—— 科威特教育部对中小学生的书包重量作出了明确规定。

我无意让修女成为选美模特，但现在没有人说修女不能长得漂亮。

—— 意大利天主教神甫安东尼奥·伦吉暂停了他发起的互联网修女选美比赛计划，原因是活动的初衷遭到“误解”。

我不打算扔掉我的学业——有朝一日当我不得不重新穿上胸罩的时候，我将重返实验室。

—— 24 岁的克莱尔·图利是爱尔兰历史上首位做无上装表演的“封三女郎”，她是牛津大学生化专业的博士生，并因此被誉为“世上最智慧的封三女郎”。

巴黎地铁里满腹狐疑地审视着照相机的一对夫妻，十足巴尔扎克小说人物的现代版。（图—张海儿/新周刊）

我们生活在一个资本主义社会。我为什么不能将自己的贞操资产化？

——美国一名22岁的女大学生在网上拍卖自己的贞操以赚取学费，面对质疑她如此回应。

培养定力是修道生活的必修课，但其慢无比的网速显然在考验修道士们的定力。

——Daniel Van Santvoort 神父如此评论威尔士地区将开设宽带。

行为堪称楷模，提供了非常宝贵的协助。

——法国巴黎一名女士上吊身亡，其家人坚持为谋杀。案发时只有她的小狗史酷比在场。史酷比因此成为全球首名狗证人，由法官观察它在见到嫌疑人后的反应以定罪。法官托马斯·卡苏度如此评价它的表现。

对一些人来说，这也许只是个玩笑，可是对于我自己来说却不是。

——法国西南部 Sarpourenx 镇政府办公室发布的公告宣布，该镇已无墓地可用，禁止埋葬，违者重罚。70岁的镇长杰勒德说。

想当然地认为能力等于经验，经验等于年长。

——在一家公司担任行政助理的19岁英国少女利安娜·威尔金森因年轻没经验遭解雇，状告雇主胜诉。法庭裁决如此写道。

学习芭蕾舞的目的是让交警在指挥交通时，动作更为优雅，这不仅赏心悦目，也有助于消除驾车人士在红灯前的焦躁或难过的情绪。

——罗马尼亚交通警察纷纷学跳芭蕾舞，一个镇的社区警察主任解释说。

如果乘务员自己都胖得扣不住安全带，又如何为乘客服务？

——印度国家航空公司的五名空姐因为超重被禁飞后，闹上法庭。该公司发言人普拉萨德·拉奥说。

厕所没纸了。

——比利时布鲁日市司法部门因拖欠厕纸供货商数千美元的贷款，被供货商断货，办公楼内厕所门上的告示只有这样一句话。

时下流行的中性风令女人都像男人一样穿长裤，这样非常不环保，长裤与裙子、短裤相比要耗费更多布料，清洁时也需要更多的水和洗涤剂，造成了更大的资源浪费及对环境的污染。

——麦当娜解释为什么要穿短裤。

长袖是永恒的——除了运动以外。短袖，归根结底，带有一种猿猴的意味：通常难道不是黑猩猩穿着短袖类的东西在表演吗？

——英国《金融时报》的文章说，衬衫当然要穿长袖的，文中引述了长袖推崇者、纽约律师兼作家罗杰·柯比的这句话。

女性身体具有曲线美，而条纹是直线。如果把竖条纹穿在有曲线的身体上，那么条纹的线条会被身体扭曲——这样只会强化凸出的部分。

——英国约克大学的一项研究称，竖条纹衣服对女性来说才是大忌，以往人们都被严重误导了。以上是关于竖条纹衣服显胖的非科学解释。

插穿脑子的道钉。

—— 在香水评论网站 nowsmellthis.com 上，有人这样痛骂迪奥的“毒药”香水。同一个站点则有人形容“毒药”为“温暖奢华的丝绒毯子”。

如果爬上高位的女性跟你说什么工作和生活的平衡，那她就是撒谎的婊子。我整天都在工作，上个周末就发了 220 封电子邮件。我上一次像《欲望都市》里演的那样在平时出去喝东西还是 22 岁的时候。这并不是吃不着葡萄说葡萄酸，而是一种选择。

——《福布斯》发布全球最有权势的 100 位女性排行榜，花旗集团全球财富管理董事长兼首席执行官克劳切克入选，她如此坦率描述自己的生活状态。

“6/15”规则称，如果消费者的距离在 6 英尺以内，服务员要说“你好”；如果在 15 英尺以内，要报以微笑。在这里，如果消费者的距离在 15 英尺以内，她们会嘲笑你；再近点，她们会皱起鼻子，好像下面有一摊狗屎一样。

——《金融时报》专栏作家露西·凯拉韦披露自己在意大利购物的遭遇，称过去让人感到自豪的“6/15 消费者服务规则”已经在现代社会变质了。

那些从长远来看会给我们的前进形成阻碍的妥协是毁灭性的。这类妥协可能发生在思想上，也可能发生在行动上……要是我们南辕北辙，走得再快也毫无意义。要实现一个伟大的目标，我们需要作出妥协，但切记万不可作出偏离目标的妥协。

—— 在自由软件运动 25 周年纪念日之际，理查德·斯托尔曼以“妥协”为题撰写文章，认为自由软件的支持者应力避左道旁门，以迎合用户心理为由而牺牲对自由的追求。

2008年10月，英国街头艺术家班克斯的巨幅涂鸦作品在纽约街头出现。（图/CFP）

4 年前，我送女儿去读大学时，我哭了。4 年后，我才知道我哭得太早了。

—— 新泽西主妇玛丽安抱怨说。因为美国经济衰退，大学毕业的年轻人正在成为父辈的负担。本来年轻人毕业以后应该找份工作，有自己的公寓，一切都靠自己，但现在这种设想越来越难以成真了。

人们认为这是一个学费昂贵的地方。事实上，费用比他们想象的低。

—— 剑桥大学致信英国流行肥皂剧的编剧，请他们在创作时不要把剑桥大学描绘成高不可攀的精英学府。

从偷情中抽空去做一次脑扫描。

—— 意大利偏头痛协会主席、神经科学家洛伦佐·皮内西领导的小组对数百名偏头痛患者的研究发现，其中最严重的偏头痛患者，都有婚外情。他如此建议。

经常有人问我各种出身问题——甚至连我上学的生物学课本上也提到了我的名字。

—— 英国女子路易丝是世界上第一个“试管婴儿”，2008 年 7 月 25 日她迎来 30 岁生日。

十年后，面对一个坏了的汽车部件，我们德国人会问：它为什么坏了？十年后，面对一个没坏的部件，日本人会问：它为什么没坏？

—— 一德国人解释日本车在德国不受欢迎的原因。

这些女性平均每 60 秒就会冒出一次购物的想法。而男性则被认为平均每 52 秒就会冒出一次性的想法。

—— 英国一家网站对于 788 名 19 岁至 45 岁的女性的调查结果显示，英国女性购物成瘾成社会普遍现象。

孩子的母亲一直疑惑地盯着这对小宝贝儿左瞧右瞧。

——德国柏林一家医院里出生了一对“黑白双胞胎”，其几率仅为百万分之一。

我们会把他的一部分骨灰装进品客薯片罐里。

——品客外包装的设计师、89岁的弗雷德里克·博雷斯在美国去世。他的子女表示，这是父亲的遗愿。

第一眼看上去，它们确定是牛，但实际上它们是小猫，只会喵喵叫。

——西班牙准备对斗牛进行与运动员一样的药检，以防止其被注射镇静剂。该国一位著名评论家如此评论现在的斗牛。

我们要向政府传达的讯息是，我们必须学习如何与汽车共存，而不是不断尝试限制用车。

——英国一项调查显示，80%的英国人无法想象没有车的日子。英国汽车公司主席埃德蒙·金说。

不管个人收入有多少，为别人花钱的人会感到更幸福。相反，为自己多花钱不会带来更大的幸福感。

——加拿大不列颠哥伦比亚大学和美国哈佛大学商学院的研究人员发现，每天在别人身上花5美元就可以大大增加幸福感。

2/3的教师遭到学生推搡，近一半教师被学生踢，约1/3教授受到学生恐吓和言语侮辱。

——英国中小学和大学教师协会发布调查报告称，英国公立中小学课堂暴力问题日趋严重。

20 世纪，吸烟致死人数达到 1 亿。照这一趋势，这一数字在 21 世纪将达到 10 亿。

—— 世界卫生组织的报告称。

绝大多数烟民抽的第一支烟是在自己十几岁的时候。今天的青少年就是我们明天潜在的长期客户。

—— 尼日利亚政府状告三家西方烟草公司，称它们试图令非洲年轻人对烟草上瘾，以弥补西方烟草市场的不断萎缩。而被视为证据的美国菲利普 · 莫里斯公司的一份文件如此说。

吸烟是适合法国的，因为法国人天生具有反抗精神，吸烟是告诉人们：我活着，但我是在和死神玩。

—— 法国著名心理学家菲利普 · 戈姆波特认为法国实行的公共场所禁烟令碰触了法国人的反抗精神。

只要是地球人，这里都免费。

—— 中国一记者在印度体验了一次免费医疗。当他问到外国人是否也免费时，挂号处的工作人员如此回答。

孩子们说，除了自己的生命，最重要的是手机。

—— 日本政府发表的调查报告显示，日本青少年对手机的依赖已相当严重。全国网络辅导理事会会长安川仁如此说。

退役职业军人杀手，身份隐秘。保证十天之内完工。有在西班牙工作经历。费用 6000 美元。无诚意者勿扰。

—— 墨西哥职业杀手登广告揽活。

2008年9月10日，美国科罗拉多州，格兰·弗里茨勒设计的玉米田迷宫，图案是他父母的肖像和感谢字样。（图/IC）

这可以挽救人命，并非开玩笑。

——德国警方宣布为女警引进一款防弹运动型胸围，英国同僚认为英国女警亦应佩戴这款新式内衣。

厕所是艺术表达的绝佳场所，因为艺术跟厕所一样都是一种放松的形式。

——慕尼黑一家公厕被改造成艺术博物馆，该项目的发起者 Mathias Koehler 说。

我对三维（世界）不再感兴趣，我甚至想成为二维世界居民……但这在当今技术条件下似乎不可能。因此，法律有没有可能至少授权人类与二维人物结婚呢？

——日本一男子发起请愿活动，呼吁立法允许人类和漫画人物通婚。

作为一个谷歌人，答案很明显——让网络帮忙。

——2008 年 11 月成为父亲的美国谷歌公司员工贾森·莫里森在网上贴出问卷调查，让全球网民帮忙给孩子取名。

天气预报员和政治家有两点相似：一、经常撒谎；二、月底拿薪水。

——曾担任 BBC 气象预报员的比尔·基尔斯说，天气预报员要善于“平衡人民的心情和现实的恶劣天气之间的关系”。

看照片欣赏建筑，就像是用电话享受性爱。

——英国艺术评论家罗伯特·休斯说。

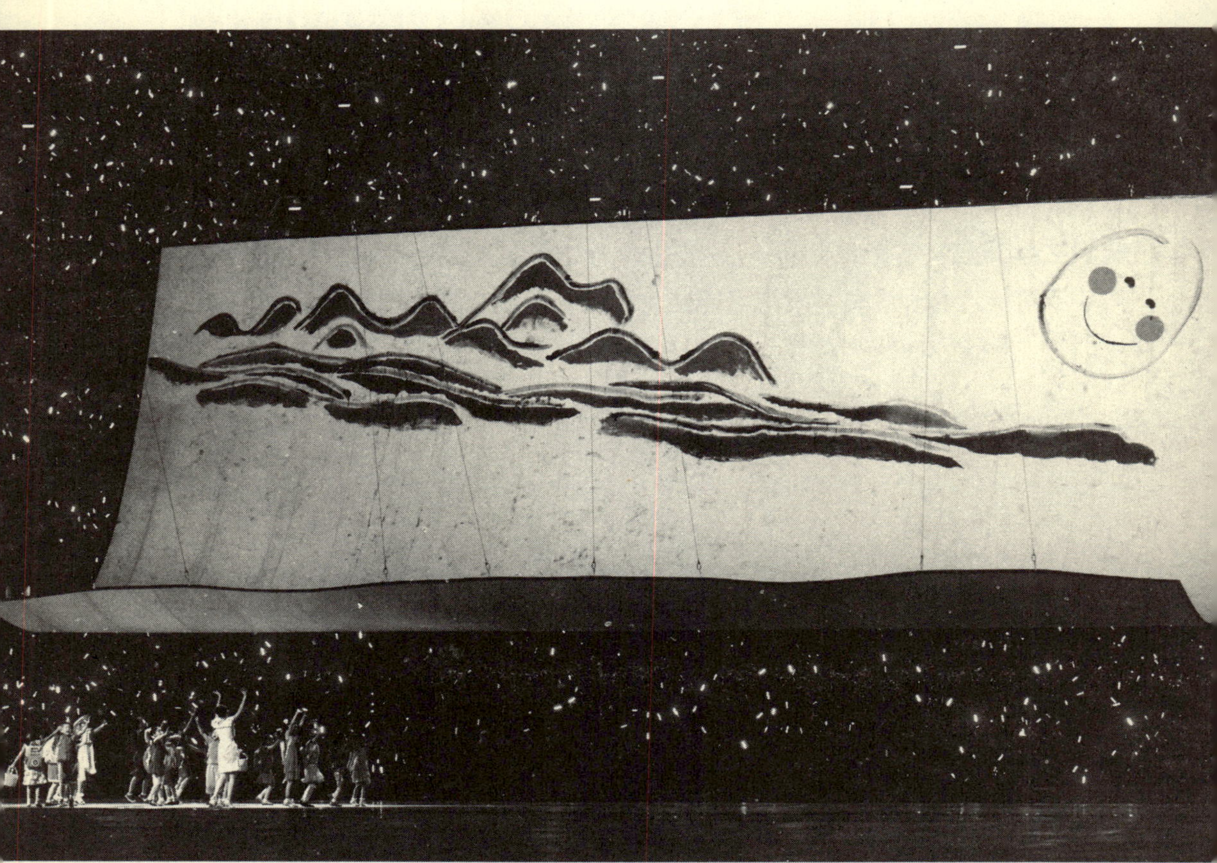

2008年8月8日，北京奥运会开幕式上，一幅巨大的LED“山水画”展现出“咫尺有千里之趣”的中国画意境。（图/IC）

娱乐·体育

(国内)

我每看运动会时，常常这样想：优胜者固然可敬，但那虽然落后而仍非跑至终点不止的竞技者，和见了这样的竞技者而肃然不笑的看客，乃正是中国的脊梁。

—— 鲁迅

你以为西方人不想找那么多人吗?他们也想找三千个一样身高胖瘦的演员,一样想搞"人海战术",可是他们找不到这么多人,也花不起这些钱啊!其实西方人比我们还想搞那一套!

——北京奥运会开闭幕式总导演张艺谋在《杨澜访谈录》节目中反驳"人海战术"、"大型团体操"的说法。

干货!你给我干货!

——陈丹青撰文谈参与奥运会开幕式创意的感受,文中透露,在开幕式创意讨论阶段,张艺谋叠起一脑门子皱纹敲着桌子如此喊道。

他对于任何一个女性来讲,都是一个纯雄性的东西,包括他的肌肉,包括他说话的声音,脖子上一说话就蹦起来的那根筋,和无穷尽的精力。

——奥运会开闭幕式核心创意小组成员、与张艺谋合作多年的"铁三角"之一王潮歌笑称如果自己还是小姑娘,肯定会爱上张艺谋,但不敢嫁给他。

1. 让500名童男、500名童女各拿弹弓一把、钢珠一粒,口哨一响,则千珠齐发,射向你们家玻璃——之外的点火锅,钢珠互撞出火花,点燃大锅,则奥运点火仪式礼成,收工。

2. 让西方国家的代表团染黑发着唐装,东方国家的代表团染金发着西装,鱼贯入场,以示One World, Two Style。各国代表团入场之后,一律蹲着(尊重张艺谋导演的家乡习惯)。

3. 点火仪式由尚福林将全身捆绑满中石油油桶从6124米高空跳下,反弹至2719米高度的时候,在小幅震荡维持稳定的状态下,点燃主火炬。全场观众起立,高唱主题歌曲《非洲人民再黑,也黑不过大小非》。

——网民贡献的奥运会开幕式创意。

我会选择乒乓球。不过，参加奥运会比赛的中国乒乓球队名单已经确定，我的这一选择看来不可能实现了。

——国家主席胡锦涛在回答法新社记者“假如你作为运动员参加北京奥运会比赛，你会参加哪个项目”的问题时说。

体育的政治色彩淡，但政治功能强。

——国家体育总局局长、中国奥委会主席刘鹏说。

2008 年奥运会在北京举行，可以看作中国改革开放 30 年后接受的一次“成人礼”。

——北京奥运经济研究会执行会长陈剑说。

中国正通过举办一次成功的奥运会向世界表明，奥运会不仅可以通过西方的自由方式发展，也可以通过东方的集体主义方式实现发展。

——《纽约时报》发表题为“和谐与梦想”的文章如此说。

胜利，但没有杀戮；失败，但没有仇恨；希望，而没有遗憾……在和谐的天空下，呼吸着新鲜空气，为每个摇篮和鸟巢中的新生命歌唱。

——以色列总统佩雷斯赋诗祝福北京奥运会。

超越了所有最高级形容词。

——曾主持过巴塞罗那、亚特兰大、悉尼和雅典奥运会开幕式转播的 NBC 主持人鲍勃·科斯塔斯如是形容北京奥运会开幕式。

西华大学拉拉队和其他25支经过选拔入选的拉拉队出现在奥运会的多个比赛项目赛场和颁奖典礼上。（图—张海儿/新周刊）

非常的张艺谋。

——凤凰卫视记者闾丘露薇这样评价北京奥运会开幕式。

世界给我十六天，我还世界五千年。

——中国申办奥运会时的承诺，有评论说奥运会开幕式确实让全世界体会到了这一点。

奥运是条友谊的桥梁，而不是一个政治的竞技场。

——影星陈冲在《华盛顿邮报》用英文发表文章说。

我参加过、采访过的各级运动会，只要有中国人去办的，都有以下的场面：一群穿着白衣白裤的练功服的老人在安详地打太极拳，旁边有几只憨态可掬的熊猫在啃竹子。然后晨钟暮鼓，一群小孩特别天真地冲上去托起了太阳，然后斜刺里杀出一帮打着安塞腰鼓的壮汉……

——《足球》报首席评论员李承鹏说。

如果这一次我们的金牌数不能超过雅典，我就跳楼！（中国体操队总教练黄玉斌）
如果少于三块金牌，那就将是一次巨大的失败。（中国羽毛球队主教练李永波）
我深切地希望中国代表队不要获得全部的金牌，可以给我们留下几块。（澳大利亚大使芮捷锐）

——以上是几位人士在北京奥运会前发表的对奥运金牌的看法。中国在奥运金牌榜上最终排名第一让国人兴奋不已。

中国高居奥运奖牌榜前列的秘密武器是——XX 染色体。

——《华尔街日报》文章说，女选手是中国夺取奥运奖牌的主力。

这就和人家说我们一样，说在俄罗斯的城市里有黑熊在大街上跑。如果真有这样的事，那显然也是很久以前了。现在的中国青年一代，是非常优秀的年轻人。

——俄罗斯体操教练安德烈·洛季奥年科说，原来以为中国队员都要背《毛主席语录》。

上级逼，下级逼，互相逼，自我逼。不吃苦中苦，难有大突破。不经逼中逼，难上冠军台。

——纪录片《筑梦 2008》中记录的国家女子体操队训练馆墙上的训诫。

如果一个运动员让某项运动短时间内多出数以亿计观众，那这就是伟大的定义。

——ESPN 杂志首席田径记者卢克塞弗斯如此评价刘翔。

爱比赛。爱拼上所有的尊严。爱把它再赢回来。爱付出一切。爱荣耀，爱挫折。爱运动，即使它伤了你的心。

——刘翔退赛，举国震惊，有广告商立即推出了以退赛为题材的新版广告，以示对刘翔的支持。

如果换作是我，我也许会去找个心爱的人结婚，刘翔也该这样。人生并不只有跑道和栏架。

——古巴跨栏好手罗伯斯安慰退赛的刘翔。

别把奥林匹克精神弄成奥林匹克神经。

——李承鹏评论那些骂刘翔退赛的人。

其实家人挺不喜欢我练举重的，因为怕我变得又矮又胖。

——奥运会男子举重 69 公斤级金牌获得者廖辉说。

跳水队里笃信这样的食物哲学：两条腿的比四条腿的好，一条腿的（蘑菇）比两条腿的好，天上飞的比地上跑的好，海里游的比天上飞的好。

——与郭晶晶联手拿下奥运会女子双人三米板金牌的吴敏霞谈到跳水运动员如何控制体重时说。

她小时候力气还挺大的。8 岁的时候试过拉动一辆装着 300 斤甘蔗的斗车。

——中国队奥运首金获得者陈燮霞的父亲说女儿。

中国队员成了泳池中的“乡下人”。

——第四代鲨鱼皮泳衣风靡泳池，但中国选手坚持穿普通泳衣，对此有业内人士戏称。

第一，感谢你们不让我跳楼；第二，我有信心，不可能跳楼。

——中国男子体操队夺得男团冠军，体操队总教练黄玉斌打趣道。

我们获得银牌，这已是不错的成绩。不可理解的是，为什么没人向我们表示祝贺。似乎我不是赢得了一块银牌，而是输掉了一块金牌！

——中国女佩一剑惜败于乌克兰，法国教练鲍埃尔对外界反应十分愤懑。

你奋斗了 20 多年，参加了四届奥运会，而只获得了一枚铜牌，你觉得你有愧祖国吗？

——射击选手谭宗亮获得一枚铜牌，一位记者这样向他发问，他只好承认自己“对不起祖国的培养”。

2008年8月18日，国家体育场，北京奥运会男子110米栏预赛，万众瞩目的刘翔遗憾因伤退赛。（图/李锋/CFP）

你们没能拿到铜牌告慰四川灾区的人民，是不是感到遗憾？

——蒋文文、蒋婷婷创造了中国花样游泳的历史，名列双人自由自选决赛的第四名，一名女记者的提问让她们无语。

以前有个官员的女儿中考要考体育，800米怕跑不下来，他们就给她用信封里三层外三层地包了一颗维生素，告诉她这是托许多关系找的兴奋剂，最后她果然跑得很好。

——奥运会兴奋剂检测中心场馆主任赵健说，服用兴奋剂多半是一种心理迷信。

这一次，北京时间与国际时间接轨了。

——奥运会期间，央视将取消30秒直播延时惯例，有观察家评论说。

奥运安保已成为和平年代除了战争以外最大的军事行动！

——北京奥运会安全顾问马昕博士说。

世界纪录就像玻璃瓶一样，一次一次地被运动员打破……
为什么世界纪录不断在水立方被打破？因为泳池的水好，经过净化后，还可以浇花、洗衣服、洗地板什么的。
美国队是菲尔普斯一个外星人带领的一群外星人。

——韩乔生在北京奥运会上的新版韩式语录。韩乔生本人说，有些话他说过，有些话是网民发挥的，比如他自己绝对没说过水立方的水可以浇花洗衣服。

北京的空气有肾上腺素功能。

——凤凰卫视《锵锵三人行》节目中，谈及中国女足战胜实力强大的瑞典队，主持人窦文涛这样说道。

没有央视平台，别人我不敢说，至少我离开央视，也许会半身不遂，也许仍然能够活着，但是活得好不好我不知道。

——对于是否离开央视的问题，韩乔生这样回答。

我在巴黎的遭遇对我的人生是一种丰满，我老的时候可以跟我的孙子说，你看，你奶奶当年很英勇的！

——以残缺之躯护卫奥运火炬、被誉为“最美火炬手”的金晶说。

由姚明和刘翔、郭晶晶等当今最大牌的中国体育明星共同出演的可口可乐电视广告，一直以来都让人产生这样的疑问：他们自己喝吗？大多数体育记者和运动员都知道碳酸饮料对运动成绩的不利影响。

——黄健翔在博客里如此写道。

球咱看不懂，我是来感受奥运快乐的。场上的皮球打来打去，外国大闺女们就在地上滚来滚去，真好看。

——80岁老人马玉林从辽宁建昌县赶到北京，孙子陪着他看奥运会的排球比赛。

姚明睡过的床单，易建联用过的浴巾，这些东西你都敢拿出来？

——面对群情激昂的奥运收藏潮，马未都出来泼冷水。

我穿一套蓝西装，正式，人家把我当成 CEO。

——刘欢回应网民对于他在奥运会开幕式上“穿得太休闲太随意”的评论。

她眼睛小，我眼睛大。

——红衣女孩林妙可在奥运会开幕式上一夜成名，她此前应试《红楼梦》剧组小黛玉一角失败，并如此评价林黛玉和她自己。

中华民族，怎么可以说没有希望呢？

——2008 年 3 月 26 日，参加世界杯预选赛的中国男子足球队与澳大利亚队战平，赛后中国足协专职副主席谢亚龙仍对国足出线充满信心。

我家球门常打开，开怀容纳天地；一个两个不算稀奇，再多也输得起。天大地大都是朋友，请不用客气；场上梦游是惯例，场下才牛气！国足欢迎你，用净剩球感动你，你们捞足积分，我们来出局。国足欢迎你，遇到中国就是福气，业余联队一样晋级。我家球门常打开，要进几个随你。交锋过后就有了底，你会爱上这里。不管远近都是客人，请不用客气；进得少了别在意，下次补给你。国足欢迎你，为你敞开球门，再不济的实力，也能找信心；国足欢迎你，遇上了您就随便赢，有我们就会有奇迹。

——中国男足在奥运会小组赛中 3 战 1 平 2 负积 1 分，进 1 球失 6 球净负 5 球，“不负所望”地离开了奥运赛场。网民为此编“国足欢迎你”以示失望。

我们到底该怎么办？彼此来个舌吻？

——中国男足总教练杜伊科维奇被传与执行教练福拉多不和，很郁闷。

妨碍他们冲出亚洲的有两个原因，一是他们的左脚，二是他们的右脚。

——《纽约时报》和 BBC 都刊登长文说中国足球，这是报道中所引用的段子。

2008年5月7日，奥运圣火在广州传递，吸引了约百万市民上街观看，盛况空前。（图/刘志涛）

今年的一切都不正常，唯独中国足球还算正常。

—— 中国男足以 1 比 2 输给伊拉克队，无缘世界杯，一天涯网民这么说道。有报纸则打出“国足再败 我们无话可说”的超大标题，没有报道内文。

我们尽力了，中国足球的水平相当于巴西的乒乓球水平。

—— 在奥运会小组赛以 0 比 3 负于巴西队后，中国男足队长李玮峰如此表态。但立即有球迷讽刺说：“这是对巴西乒乓球运动员的侮辱。”

“叉腰肌”可以理解为“掐”腰肌，就是紧紧掐着，然后放松。反复吐故纳新，运动员的身体就得到了足够的放松，肌肉得到了足够的新陈代谢后，就有了第二次再发育，特别是在一些剧烈冲撞的运动中，往往可以起到四两拨千斤的功效。谢主席应该让中国女足从小练气功。

—— 谢亚龙在女足奥运兵败后怒斥队员“没有精神、没有斗志、没有技术”，并号召大家练“叉腰肌”。这一陌生的肌肉名称引起网民恶搞，有人如此解释。

男足和谢亚龙，你可以都拿去。

—— 芙蓉姐姐说自己喜欢刘翔和菲尔普斯，“真想用藕温柔的大钳子，左边一个右边一个，全部带进藕温柔的蟹壳里”，有网民如此回应她。

我觉得谢亚龙只是不适合足协主席这个职务，如果按照他的能力，我觉得他要是当个县长，或者养猪场场长、化肥厂厂长或许能干得更好。

—— 李承鹏说。

这次国家体育总局给国奥队提出的是三不，即不抹黑、不添乱、不丢人。他们圆满完成了总局交给的任务，但是他们就像踩着夹鼠器一样，本来夹鼠器应该向左边弹，他们硬踩着它向右边弹了，过力了。

——韩乔生评论男足。

我们是一个能把小球玩好，可是，球一大了，就是个大问题的代表团。

——央视主播白岩松说。

为了不影响人们看奥运的心情，中国男子国奥队决定更迅速地退出……同时，我相信，没人想对他们说再见吧！

——2008 年 8 月 10 日晚国足在奥运会小组赛负于比利时之后，白岩松在直播节目中说。

中国男足和中国乒乓球队一样发挥超级稳定。让中国乒乓球队输球百年难见，请中国男足赢球千年不遇。

——一网民总结的国足“八大奇观”之一。

我们跟巴西队决赛，灌了巴西队 7 个球，比中国男足强多了。

——残奥会志愿者、中国特奥足球队队员申飞回忆 2007 年的上海特奥会。

明天男足可以借她们继续打！

——2008 年 8 月 12 日女足打入奥运会八强后，女足主教练商瑞华戏称，可以把前锋借给男足。

那晚，我只是去洗了个澡，整个过程没做任何违反队规队纪和职业道德的事。……而且我在所开房间待了半小时不到，这么短的时间，若有其他行为，也不符合我正常的习惯。

——据称是涉嫌外出开房的国足队员向足协领导和国家队负责人递交的检讨书中的内容。此信一被披露，即产生了新的网络流行语：我是来洗澡的。

我算是选错行了，这辈子我就不该踢球。

——昔日的"亚洲第一中锋"、国家足球队队长李玮峰说。

李玮峰的职业生涯中无数次将自己的大腿胳膊砸向对方球员的肚子和头，他是中国足协和中超联赛培养出来的生物武器。

——有人评出搞笑诺贝尔奖足球版，将生物学奖颁给李玮峰，以上为颁奖词。

体育协会是一个很奇怪的东东，原本"自发性形成"的性质，总是能顺理成章地形成权力垄断阶层。

——某网民说。

我的两个儿子都死了，你能想到我现在的心情吧？

——武汉著名球迷领袖"铁喇叭"梅南生因不堪足球之痛出家，他一直把中国足球当成大儿子，把湖北足球当成小儿子，而武汉队退出中超，等于他的两个儿子都死了。

您的要求我们已经报上去了，但这需要检疫部门批准……

——第 49 届世乒赛团体赛在广州举行，中国男乒主教练刘国梁要求增设一台饮水机，得到这样的答复。

CHINA
10

我猜测，围棋应是外星人创造的。当然，对于这一说法，我也没有证据。我只是觉得，围棋太深奥了，人类不可能创造出来。

——聂卫平说。

她出国执教，我很不喜欢。教出几个对手来和中国女排对抗，我不能接受。而且，她每次碰到我，都叫我“兵马俑”。

——聂卫平炮轰郎平。

我叫郑洁，不是郑智！

——中国女子网球队员郑洁历史性地杀入温网四强，她对此前没听过她名字的英国人这样说道。

走出去是美国，关起门是上海。

——姚明在《鲁豫有约》节目中谈自己在休斯敦的生活。

说是 CBA 有 22 人改过年龄，要我看，有 22 人没改过还差不多。

—— 篮联专栏作家亚瑟·沃尔伯特曝光了中国男篮队员修改年龄的秘密，一位不愿透露姓名的球员如此直言不讳。甚至有悲观的言论说，中国男篮队员只有姚明的年龄是真实的。

守门员最好的朋友是门柱。

——2008 年去世的香港 TVB 资深体育主播伍晃荣的经典语录。

河中生灵神秘死亡，下游居民得上怪病，沿岸植物不断变异，是残留农药？还是生化攻击？敬请关注今晚CCTV《走近科学》即将播出的专题节目：《国足在河边洗脚》。——以国足为羞辱对象的段子。（插图/谭正文）

很傻很天真。

——“艳照门”当事人之一钟欣桐（阿娇）对艳照事件的回应。此前网上流行的说法是“很陈很冠希”，阿娇的回应出来之后，随即被“很傻很天真”替代。

你毁了我做一个好人的机会！

——“艳照门”发生后，电影《无极》中谢霆锋对张柏芝说的这句台词被网民翻出来重温，认为俨如预言。

香港今年要主办奥运会（马术比赛），不好的事情要赶快过去。

——谢霆锋对包围他的记者说，“中国人现在要的是骄傲，而不是要丢脸”。

恭喜你不在陈冠希的电脑里。

——有网民说以后香港女星的问候语可以改成这句话。

周正龙的反义词原来是陈冠希。

——韩寒一篇博文的标题，在文中他写道：“一个是假的，但希望大家都认为是真的；一个是真的，但希望大家都认为是假的。”

我是不会原谅陈冠希的，除非他交出所有的照片。

——新浪网民说。

你们以为我牺牲了，其实我舒服了。

——主持人窦文涛戏以汤唯的口吻这样说。

李安终于替张爱玲报了仇，把她跟胡兰成的这口怨气在电影里展示出来了。

——学者许子东在《锵锵三人行》节目中评论《色，戒》。

最近比较烦比你烦也比你烦，我梦见了和汤唯一起晚餐；梦中的餐厅灯光太昏暗，我努力想象那删减的小片段……

——羽泉翻唱老歌《最近比较烦》，歌词为“鬼马词人”沈松所作。

看了《色，戒》，觉得女人不可靠；看了《投名状》，觉得兄弟不可靠；看了《苹果》，觉得男女都不可靠；看了《集结号》，觉得组织更他妈的不可靠。

——一流行短信热评几部大片。

我的眼镜就跟查理·卓别林的胡子是一样的。

——导演王家卫说。

头发一年就可以长很长，机会，我等一天它就没有了。

——周星驰新片《长江七号》中的小演员徐娇因为角色需要，把头发剪短扮演小男孩，在《鲁豫有约》中被问及剪掉长发会不会觉得委屈时，她这样回答。

咱不反对励志，且常常在颓时，专找些电影来励志，可《长江七号》的志太拧巴了，励得我很颓。

——作家、导演尹丽川评《长江七号》。

2008年6月1日，香港举行“演艺界5·12关爱行动”大汇演，超过400名两岸三地艺人参与，为汶川大地震再去筹募重建费用，共筹得3500余万港元。（图/笑云/CFP）

美丽的玫瑰死了，但她的余香不散；当白日苦短沉夜苦长，请读我留给你的这首诗，读它，当寂寥的世界占有着你，烦忧侵蚀着你；请记着，请记着，我的思念常常都是你。

——香港作家林燕妮披露的李小龙写的诗文。

《功夫熊猫》的唯一缺点，是它足以让中国电影人感到羞愧。

——对于一些人对《功夫熊猫》的抵制，一位影评人如是评价。

活下去，像牲口一样活下去。

——导演谢晋辞世，这是他导演的电影《芙蓉镇》中的经典台词。

中国电影至少比中国足球好看。

——韩寒如此讽刺中国大片。

天下兴亡，匹女有责。

他（周瑜）忠于国家，爱护老百姓，还爱他的小马。

什么都略懂一点，人生会多彩一些。

——《赤壁》中的雷人台词。片中周瑜的小马叫“萌萌”，也很雷。

出色的故事手法和角色塑造让人想起了《星球大战》。故事有同样的史诗感，人物也同样的好玩。有趣的是，在英文字幕里，刘备这边被叫做“反叛者”（rebels），而他们的对手被称作“帝国”（empire）——乔治·卢卡斯的传奇科幻系列也用到同样的词语。

——美联社的影评说，吴宇森通过《赤壁》恢复了中国大片的信用。

我要让金融海啸在我们这里退潮!

——冯小刚在宣传贺岁片《非诚勿扰》时说要创造好票房以击退金融海啸。

猪能当导演,但猪当不了编剧。

——导演吴天明说,中国好的编剧都当导演去了,比如冯小刚、贾樟柯和陆川。

很多女演员外表很柔美,却在背地里干着比杀手还残忍的勾当。

——演员孙红雷炮轰中国女演员整体素质偏低,出卖道德底线。

罪恶、暴力、性、中产阶级、小市民、欲望、贪婪和妒忌。

——以上是艺术家陈丹青总结的都市电影的基本要素。

今天的电影女明星的气质大都太风尘和江湖,跟民国女明星差得太远,这可能跟电影圈的男人素质有关。

——艺术批评家朱其说。

晕死,梅兰芳是男的?

——《梅兰芳》北京首映现场,一位90后如此说道。

我走在街上,人家看到我会说"那不是罗京吗?"可是没有人敢过来。要是看见毕福剑,肯定很多人会跑上去喊"老毕"。

——《新闻联播》资深主播罗京说,因为要保持严肃形象,即便他唱歌比毕福剑强,也不敢表现。

西北地区东南部中部偏北地区。

—— 央视《天气预报》节目中使用的专业术语，其实指的就是宁夏地区。《天气预报》节目新主播王蓝一在博客中表示，自己对这些专业表述也很困惑。

谁说金融海啸来了，我看已经过去了。

—— 春晚“我最喜爱的节目”冠名卖出了7099万元，面对如此喜人的招标结果，央视女主持人王小骞脱口而出。

开会没有不隆重的；闭幕没有不胜利的；讲话没有不重要的；鼓掌没有不热烈的；决议没有不通过的；人心没有不振奋的；领导没有不重视的；看望没有不亲切的；接见没有不亲自的；进展没有不顺利的；完成没有不圆满的；成就没有不巨大的；工作没有不扎实的；效率没有不显著的；领导没有不微笑的；群众没有不满意的；班子没有不团结的；问题没有不解决的；决策没有不英明的；大事没有不瞩目的；竣工没有不提前的；节日没有不祥和的；妇女没有不解放的；目的没有不达到的；生活没有不小康的；收入没有不增加的；完成没有不超额的；交涉没有不严正的；反对没有不强烈的；中日没有不友好的；中美没有不合作的……

—— 有人如此总结《新闻联播》的特点。

每年年关都感觉过鬼门关一样。

—— 宋丹丹宣布退出春晚，她的理由是，年年春晚都在重复自己，没法超越。之后赵本山也宣称要退出春晚。

激昂慷慨，催人尿下。

—— 郭德纲在博客中评点两年前召开的北京曲艺演员联手倡议抵制“三俗”大会。

我认为电影是个小众的东西，所以别人老是记不住我。但是上春晚就不一样啦，上一次春晚等于演十部大片，那影响是相当的大。

——笑星范伟透露，他准备拉赵本山再上春晚。

还是一夫一妻制好。

——《鹿鼎记》主演黄晓明谈拍戏的最大感受。

新版《红楼梦》几乎是天天让人有惊吓。从最初钗黛的蛇妖妆，到后来妙玉的媒婆妆，再后来尤二姐的女侠妆，再到现如今元妃娘娘的晒伤妆，叶锦添结结实实地考验了一把中国观众的心理承受力。

——一网民如此评论。

昨晚你的一番肺腑之言让我顿悟了，请你以后不要去随便感动一个男人，因为他会因此爱上你的……

——新版《射雕英雄传》中，欧阳克留给穆念慈的信中这样说。

我不喜欢在街上拖女友，看见别人亲嘴亦受不了，所以我跟林凤娇只有亲情，没有爱情。我认为亲情比爱情更重要，我经常跟成家班到处飞，一年回不到家两个月，她就是这样看住这个家。

——成龙接受访问时大谈对感情的看法。

拿奖拿到手软的《士兵突击》在2008年12月举行的南方盛典上与《红楼梦》等入围50年“十大经典电视剧”。图为《士兵突击》主创人员。（图—阿灿/新周刊）

树欲静而风不止。我，谨小慎微地做人做事，可外界无聊的声音却总是不断。我有些烦了。老虎不发威，你当我是 Hello Kitty！

——陈鲁豫在博客中回应她在灾区“作秀”的批评。

有很多人用不同的语言来称呼李连杰……在我心中定位的我是一个乞丐，是一个全球最大的乞丐，我祈求 67 亿人类心中都拥有的那种善良，那种责任，那种爱。

——李连杰如此阐述自己的慈善观念。

现在有很多烂导演、烂演员、烂编剧，拍出来的戏充斥在一些烂电视频道，其实烂戏就是一条生物链。

——张国立在谈到“烂戏太多”时说。

纵使再爱一个人，也千万别指望去改变他。

——章子怡接受知名时尚杂志专访时谈与外国富豪男友 Vivi Nevo 的相处心得。

我唯一比你强的一点就是我的老婆比你老公有名。

——李亚鹏自嘲经常如此跟王菲开玩笑。

我觉得两个人在一起很开心，婚姻只不过是做给人家看的，但是，如果能够让很多人开心，我觉得也无所谓。

——梁朝伟在与刘嘉玲成婚前接受专访，谈及对婚姻的看法。

我其实是个特别贤慧的女人、特别贤慧的老婆。你们不觉得我的男友们都很怀念我吗?

——刘晓庆出席一发布会时表示对外界给自己贴的女强人标签不以为然。

董存瑞?是不是《士兵突击》中的那个团长?

——吴宗宪在某发布会上因不知董存瑞,只知"士兵突击"而闹笑话。

你再问下去,小心我要学李亚鹏了……

——刘德华被记者"逼婚",情急之下如此回应。李亚鹏为保护女儿,在泰国机场出手打记者。

我不像汤唯一样是个软弱的女演员,说封杀就封杀,我宋祖德是无比强大的。

——对广电总局官员声称要清除像他这样的"害群之马",大嘴宋祖德如此回应。

最好不要入娱乐圈吧,比当警察还危险。

——香港歌手李克勤在被问及愿不愿意将来让儿子考警队时说。

停产一下好吗?求求你们。

——休完产假正式回到工作岗位上的小S收到中天总经理送上的特制礼盒,外面斗大的中天联署书如此写道,里面则装有避孕法宝。

Wellcome to"咏乐汇",见到你,I today happy,大大的。

——李咏在新节目"咏乐汇"中用这样的开场白迎接首期嘉宾俞敏洪。

2008年7月，梁朝伟和刘嘉玲在不丹举行婚礼。（图/CFP）

只要小葱穿热裤，吧主全是流氓兔。

—— 玉米吧玉米在李宇春生日会上打出的标语。

女人是水做的，男人是泥做的，李俊基李宇春是水泥做的。

—— 一个段子。

引咎分手 / 结构上出现了明显的中年危机。

—— 倪震与周慧敏这对情侣在短短十天内经历了“小三介入”、闪电分手以及闪电结婚的戏剧性变化。以上是有“才子”之称的倪震在分手声明中创造的语句。

时尚在不同的社会里是不同的东西，我们现在生活在一个拜金时代，当一个人含金量不够的时候，如果时尚一些，也可以显得含金量比实际更高一些——所以，时尚就是我们这个拜金主义社会的三聚氰胺。

—— 洪晃对时尚在当代的定义。

2008年3月24日，在古奥林匹亚遗址赫拉神庙内，最高女祭司娜芙普利为29届北京奥运会采集圣火。（图/Hulton/CFP）

娱乐·体育

（国际）

这个地方已从世界上人口最多国家的首都转变成奥运世界的中心，完全变成了另外一个星球。

对我们这些来自英国的参观者来说，这带有一丝警觉意味，毕竟4年后就轮到我们了。当你走过用警戒线隔离的街道时，当你注意到北京城里的广告都是奥运五环官方赞助商时，当你向为你递过干净松软的毛巾的厕所里的服务生道谢时，你可能会问，4年后我们该如何做。北京把标准定得那么高，伦敦看一眼，颈部就会痉挛。

——《每日电讯报》

过去这八年，你们这些搞笑艺人可算是赶上好时光了，从布什总统那里得来了无穷无尽的笑料。可现在布什终于要走了，你们下面怎么办呢？

—— CNN 脱口秀主持人拉里·金（Larry King）采访搞笑节目“休利爆新闻”主持人休利，休利回答：“这我可不担心，政客们的愚蠢是没有止境的。”

我们打算把杰西卡·辛普森送到民主党全国代表大会上。

—— 美国歌手杰西卡·辛普森被其美式足球明星男友托尼·罗莫所属的达拉斯牛仔队视为“不祥”，总统布什这样跟纽约巨人队的队员开玩笑说。

有朝一日我当选美国总统，我将把白宫涂成粉红色！

—— 美国共和党总统候选人麦凯恩把对手奥巴马比作帕丽斯·希尔顿和布兰妮，帕丽斯·希尔顿则声称考虑竞选美国副总统。

我扮演的角色为奥巴马作了铺垫，让美国人认识到，他们选举一位黑人总统也没有什么大不了的。

—— 曾在热剧《24》中扮演美国黑人总统的丹尼斯·海斯伯特说。纽约文化学教授罗伯特·汤普森认为，娱乐业在引导公众态度方面确实发挥了一定作用。

他们在影片中表现了一名乌克兰姑娘与美国人睡觉。这是在打信息战和心理战。

—— 俄罗斯圣彼得堡共产党组织负责人谢尔盖·马伦科维奇说，最新的 007 影片《量子危机》是对俄罗斯人的侮辱。

嗓音强劲有魄力，且号召力极强，拥有出众的口才，每当发表声明、讲话时，能让敌人肝胆俱裂。

——《朝鲜画报》这样介绍朝鲜中央电视台的招牌女主播李春姬。

在过去的 40 年里，美国遭遇 7 次经济不景气，但在这 7 次里有 5 次当年电影票房反而强烈地攀升。

——美国影院业联合会主席菲西安鼓励影业同行度过现在的经济寒冬。

黑暗势力占了上风。

——第 80 届奥斯卡颁奖礼上，主题阴暗的影片占了上风，《华盛顿邮报》如此评价。

我的身材没给我带来任何好处，大部分钱都是我穿着衣服挣来的。

——凭《朱诺》获得奥斯卡最佳原创剧本奖的好莱坞编剧迪亚波罗 · 科蒂曾是一名脱衣舞娘。

《欲望都市》对于女性观众来说，就如同《印第安纳 · 琼斯》、《星球大战》之于男性观众。

——《欲望都市》电影版上映首周就拿下 557 万美元的票房，有评论这样说道。

干掉 Mr.Big？我会被手持火炬的女人们满世界追杀的！

——据传《欲望都市》电影版会取消 Mr.Big 这个角色，导演迈克尔 · P. 金如此回应。

《功夫熊猫》是我写给中国的一封情书。

——影片《功夫熊猫》的中国元素随处可见，该片导演马克 · 奥斯波恩这样说。

热门美剧《英雄》的宣传照。好的宣传照不仅仅是主要人物的大头照，还应该能暗示剧情和人物关系。（图/新周刊图片库）

如果没有大钱钱，就没有人会叫你小甜甜。

——摇滚先驱波·迪德利病逝，这是他对娱乐圈世态炎凉的感慨。

不是这个意思，我们并不希望她死，但是如果布兰妮最近真的突然死去，有关她的新闻毫无疑问会在很长时间内占据头条位置。

——美联社娱乐总编杰西·华盛顿向媒体同行承认，他们已经着手准备布兰妮的生平资料，以备"不时之需"。

每个人都在约会、做爱。纽约上东区简直是绯闻不断。我自己都被震惊了。

——美国热剧《绯闻女孩》（Gossip Girl）被认为是《欲望都市》的中学生版。主演 Blake Lively 称她也被剧情吓倒了。

一个沙拉酱制造商同时会是一个出色的赛车手、一个成功的政治家、一个屡获殊荣的电影导演，以及我们国家稳固的性感象征吗？这听起来像是头脑发热，但我们的保罗·纽曼可以胜任这些！

——《时代》周刊如此评价 2008 年 9 月病逝的美国著名演员保罗·纽曼。

我们不知羞耻地扩大利润，为的是最大限度地造福百姓。

——保罗·纽曼曾成立一家名为"Newman's Own"的食品公司，个人所持股获利金额全部捐给慈善机构。

她终于让自己上了一回头条，却不是以她惯用的那套不成体统的着装方式。

——演员白灵在洛杉矶机场涉嫌偷窃， E-online 网站如此评价，并称白灵是"专业的镜头追随者，偶尔是个电影演员"。

他们（狗仔队）的数量和猖狂程度以指数级别增长。

——狗仔队在洛杉矶日渐猖獗，当局为此实行了“零容忍”方案，严打狗仔队。

回避开幕式是对中国人民的一种侮辱。

——出席G8峰会的美国总统布什表示自己一定会出席北京奥运开幕式。

她喜欢任何比赛，只要有记分牌，她就喜欢看。

——美国国务院发言人透露国务卿赖斯有可能出现在北京奥运会任何一个赛场。

放心吧，斯皮尔伯格先生“破坏”不了你们的奥运会。

——英国外交大臣米利班德在北京大学演讲时如是说。

她告诉我，我不该再犯同样愚蠢的错误，这是总理的吩咐，所以我一定照办。

——德国足球队锋卫施魏因斯泰格说，总理默克尔经常给队员发短信，关心他们在欧洲杯上的表现。

更干净、更人性、更团结。

——国际奥委会主席罗格提出的奥林匹克新格言。

世界上只有一件事情大家意见一致，那就是每个人都得死。除此之外，没有一致的。所以让他们说去吧，北京不必太在意就是了。

——科威特体育俱乐部经理兼新闻官塔米尔在接受《环球时报》采访时说。

就选漂亮的！

——土耳其奥申委主席阿克索伊笑谈火炬手选拔标准。

美国总统布什也来到了“水立方”观看比赛。布什挥动手里的太极旗（应为星条旗）为美国选手加油鼓劲。

——韩国解说员也很“韩乔生”。

李宁穿的是火炬手服装，是阿迪达斯的。

——阿迪达斯新闻发言人说。

太恐怖了，每天都要看你那张脸！

——美国游泳选手菲尔普斯在北京奥运会上参加了8个项目的18场比赛，夺得8枚金牌。他的朋友如此戏称。

我见过他地球人的一面，所以我敢保证他是属于人类的。

——菲尔普斯的教练说。

我生他出来，现在穿上和他同样的衣服，但赚的钱还不够他的零头。

——运动服装Chico's聘请菲尔普斯的母亲黛比担任代言人，在签约仪式上她这样说。

我们体操不行，我们乒乓球不行，但是我们足球行！

——尼日利亚球迷在奥运赛场打出的中文标语，让国人汗颜。

北京奥运会闭幕式上的“伦敦八分钟”，久负盛名的伦敦双层巴士成为重要道具。（图/IC）

肯定是番薯使他夺冠的。

—— 牙买加选手博尔特轻松创造 100 米、200 米跑新世界纪录，博尔特的父亲表示，牙买加的特产番薯能给予选手们力量。除博尔特的两枚金牌外，牙买加选手在北京奥运会上包揽女子 100 米跑前三名，被誉为“飞人国度”。

我只是踮着步子进入下一轮而已……我下一个目标是要倒着跑 100 米，我想看到别人在我后面是怎么跑步的。

—— 轻松通过北京奥运会男子 200 米预赛后，博尔特说这是“慢跑”。

他自己是短跑运动员，所以他希望孩子们都有奔跑的权利。

—— 百米飞人博尔特主动资助下肢残疾的中国地震灾区儿童，中国红十字基金会工作人员这样解释。

你难道不知道女人是个谜吗？

—— 俄罗斯女子手球队在北京奥运赛场上的表现大起大落，教练特列菲洛夫如此解释。

我们队前几天的失利的确给我带来了巨大的压力，但是一想到我们的（金正日）将军，我就克服了恐惧和压力。最后一举，我感到将军正在看着我，正是这种力量让我把杠铃举了起来。

—— 在北京奥运会上获得女子 63 公斤级举重金牌的朴贤淑在赛后的新闻发布会上如是说。

加拿大队的年轻人穿着粗劣的短袖夹克，背着鼓鼓囊囊的挎包，活像一群推销员。

——《纽约时报》时尚评论员埃里克·威尔森对北京奥运会开幕式上各国代表团的服饰一一点评。

中日等国传统上使用蹲坑式厕所，有助于儿童股骨关节和相关肌肉的发育……

——日本《读卖新闻》文章引用西方专家的说法，把北岛康介等亚洲选手在蛙泳方面的成功归结为以上原因。

我们只能假装观众是在为我们加油。

——美国队战胜中国队获得北京奥运会女子沙滩排球冠军，在决赛开始前美国队员梅·特雷纳如此自我安慰。

假如要继续做一个美国公民，那么我们就得赢下金牌，否则，我将会成为一个意大利人，你得叫我科比·吉奥瓦尼。

——美国篮球明星科比·布莱恩特幽默地表明“梦八队”的目标。

运动已经是我们国家现在唯一的享受了。

——伊拉克举重运动员萨瓦拉在北京奥运会举行前说。伊拉克队历经波折才得以参加北京奥运会。

我们再也不会因为拿到金牌而感到惊讶。我们再也不会恳求星宿给我们幸运。

——印度选手获得奥运个人项目首金后，《印度快报》感叹。

她们在奥运会上的主要角色应当是为胜利者戴上花环。

——现代奥运会之父顾拜旦认为，女性从事体育运动是“完全违背自然规律的”。

在21世纪，我们真的不应堕落到发动战争的地步。

——格鲁吉亚运动员萨卢克瓦泽说。

最棒的虚构作品就是申奥报告。

——国际奥委会前副主席庞德说。

老实说，我们没有那么多钱修建像北京奥运会这样的场馆。我们是一个比中国小很多的国家，因此无法承担北京奥运会这样的花费。

——英国奥委会主席科林·莫尼翰说。

如果早就知晓如今形势，我们还会申办奥运会吗？几乎肯定不会。

——英国文化部负责奥运事务的国务大臣特莎·乔韦尔的言论被指“极不负责”。

伦敦疯了吗？这个末路城市只剩下了红灯和地铁人群的汗腺。伦敦奥运会？只是精神危机和过度自大的结果。除去霍乱，奥运会是伦敦需要的最后一样东西。

——伦敦《每日电讯报》编辑凯文·梅尔斯这样警示同胞。

就是 29 亿欧元了，一分也不多。奥运会会更小、更温柔、更亲密、更便宜……但质量不会降低。我们确保良好的性价比。

——伦敦市长鲍里斯·约翰逊说。

为什么光让伦敦人为奥运会埋单？我们是两个靠养老金度日的人，到 2012 年可能已经不在人世了。让我们出钱修建那些我们可能永远看不到的造价昂贵的场馆是不对的。

——英国一对老年夫妇拒绝交纳向伦敦住户征收的 33.33 英镑的奥运税，可能面临 3 个月的牢狱之灾。

一个希腊倒下了，两个希腊站起来了，一个叫土耳其，一个是俄罗斯。——在欧洲杯四分之一决赛中，俄罗斯以3比1力克最被看好的荷兰队，爆出本届欧洲杯最大冷门。资深足球评论员李承鹏如此评论。（图/IC）

人们有时会问我一个问题，我想塞巴斯蒂安·科（伦敦奥组委主席）更是被问烦了：伦敦如何才能超过北京呢？这个答案我已经重复过很多次了，伦敦不需要超过北京，伦敦只要做伦敦就好了。

——国际奥委会主席罗格说，没有“最好”或是“最伟大”的奥运会，只有“不一样”的奥运会。

欢迎参加2012伦敦穷运会。

——英国《每日镜报》记者罗伯·弗丘的文章标题。他在文章中说，因为预算紧张，届时伦敦奥运会迎来的可能不是奇迹，而是奇丑。

要命（姚明）！要命！偷懒（投篮）！偷懒！

——姚明已成美国人脑海里的中国符号。每到NBA的比赛日，休斯敦的酒吧里就充斥着这样的尖叫声。

怪物史莱克。

——某网站评出女性心目中最难看的足球球星，名列榜首的是英格兰曼联队的鲁尼，这是鲁尼的绰号。

游泳衣很容易破，为了避免出问题，避免裸体出丑的尴尬，我在泳衣里面穿了训练服。

——意大利第一位奥运会游泳冠军佩莱格里尼解释她为什么要穿两件泳衣。

我发现自己越来越受到女性的青睐，而我也感觉自己越来越像一个男人，但我却很清楚，自己不是一个同性恋。

——前东德女子铅球运动员海蒂·克林格在上世纪80年代曾经是世界上该项目的顶尖高手。然而，克林格把自己赢得的奖牌称为“兴奋剂奖牌”，坦言这些“荣誉”使自己从一个女人变成男儿身。

我们尿床了，而且是一大片。

——NBA 总决赛第四场湖人队失利，湖人球星科比·布莱恩特这样说道。

他们抽了我很多血，这样的话我在跑 100 米决赛前就已经变得虚弱异常了。

——百米短跑选手鲍威尔如此抱怨国际田联的不限量药检。

做球员妻子是这个世界上最好的职业。

——德国足球明星绍尔在退役后如此说过。

这就是报应。

——13 年前涉嫌杀妻而最终脱罪的前美国橄榄球明星 O.J. 辛普森因持枪抢劫获罪，路透社的报道称辛普森的运气用完了，其律师耶鲁·加兰特尔说的这句话让人想起那句著名的“出来混，迟早要还的”。

生死有命，富贵在天。

——贝克汉姆的中文纹身。

图书在版编目(CIP)数据

2008语录/《新周刊》编.—上海：文汇出版社，2009.1
ISBN 978-7-80741-493-3

Ⅰ.2… Ⅱ.新… Ⅲ.时事评论-世界-2008 Ⅳ.D55

中国版本图书馆CIP数据核字(2009)第000425号

2008语录

《新周刊》主编
出版发行/文匯出版社
上海市威海路755号(邮政编码 200041)
经　　销/全国新华书店
印刷装订/上海建工印刷厂
版　　次/2009年1月第1版
印　　次/2009年1月第1次印刷
开　　本/850×1168 1/24
字　　数/150千
印　　张/11
印　　数/1-25000

ISBN 978-7-80741-493-3
定　　价/28.00元